영한
번역의 기초

The Basics of English-Korean Translation

박용남 저

신아사

머리말

오늘날 번역은 큰 가치를 지닌 문화 콘텐츠의 기반으로서 갈수록 그 중요성이 커지고 있다. 그러나 우리나라에서는 이제야 겨우 일부 대학에서 번역학 강좌가 개설되고 극히 일부 대학원에만 번역대학원이 설치되어 있는 실정이다. 이미 실제 직업의 현장에서는 번역의 역할이 매우 중시되어 전문 인력의 부족을 안타까워하는 상황이며, 요즈음 신문 광고란이나 인터넷에서는 전문 번역단체나 회사의 선전이 자주 눈에 띈다. 이는 수요가 있기에 공급이 있어야 한다는 자연적인 현상이다. 이제 번역은 직업의 한 영역이며, 취업자의 무기인 동시에, 기업에게 막대한 경제적 가치를 창출하는 수단이다. 또한 번역은 문화, 학문, 지식 등을 이동시키고 서로 연결시켜주는 매우 중요하고 뜻 깊은 작업이기도 하다. 외국문학에 대한 비평적 학술논문을 쓰는 것도 좋은 일이지만 그 글을 읽어주는 독자층이 매우 한정되어 있다. 그러므로 외국의 문학을 잘 번역하여 많은 일반 대중에게 소개할 수 있다면 그 또한 매우 의미 있는 일이라 하겠다.

번역은 다양한 원작, 원문의 종류나 질에 따라, 또 다양한 역자의 역량이나 기법에 의해 번역의 질도 다양하게 다르다. 원문에 대한 충실함을 중요시하는 것, 읽기 용이함을 우선으로 하는 것, 주관적 윤색을 많이 사용하는 것, 속된 음조를 섞어 독자의 인기를 노리는 것 등등 다채롭다. 한편 번역에 대한 비평이나 오역의 지적도 논자(論者)에 따라 관점과 기준이 각양각색으로, 직역 같은 세련되지 못한 번역이 오역이라는 꼬리표를 달거나, 의미가 통하기 힘든 악역(惡譯)이 역시 오역의 단죄를 받는 경우도 있고, 각종 번역문이 도마 위에 올려지고 오역의 가능성으로 인해 뜨거운 논쟁이 되기도 한다.

번역의 기본은 우선 오역이 없어야 한다. 그리고 알기 쉽게 자연스러운 문장으로 되어 있어야 한다. 오역 없이 자연스러운 우리말로 하기 위해서는 우선 대상 언어인 영문 이해의 정확성이 전제가 되어야 하고, 그리고 직역을 거쳐 적절한 표현과 각각의 말을 정돈하는 작업을 해 간다. 그러기 위해 번역은 양쪽 언어에 대한 지식과 이해가 필요해진다. 우리말의 경우 문체나 어미 표현 방식이나 경어 등 세세한 점에서 주의를 기울여야만 한다. 또한 영문이 어떤 내용과 목적으로 쓰여 졌는가에 따라 적절한 용어나 표현을 생각해내야만 한다. 이러한 난제를 극복하기 위해서는 영문의 기본적인 파악과 번역법의 기본을 연습할 필요가 있다.

본 책은 오역을 논의하는 책이 아니라 오역으로부터 배우는 책이자 오역을 방지하기 위한 책이다. 그러므로 체계나 구조가 조금 과장되지만 그 나름대로 분류하고 계통을 세워 오역을 제시할 뿐 아니라, 적절한 관련 사항을 해설하고 문법적 설명을 첨가하며, 유사 예를 제시하는 등의 방법을 취했다. 영문 해석과 번역 양쪽에 공통되는 틀리기 쉬운 점을 잘 이해할 수 있을 것이다.

이 책은 앞으로 번역을 하고 싶은 사람을 위해 쓴 번역 입문서다. 여기에 열거한 항목이나 해설에서는 충분하지는 않지만, 본 책의 해설에 따라 연습을 해 간다면 기본적인 번역 기술을 익힐 수 있으리라 생각한다. 앞으로 번역가를 꿈꾸는 사람을 위해 다소나마 도움이 되었으면 다행이겠다.

차 례

Part 1

Part 2

PART 1

이 책에서 다루고 있는 「번역」은 「영문 한역」의 한 형태로, 본질적인 작업 내용에서는 양쪽이 대등하지만, 실천적으로는 오히려 대조적인 차이가 생긴다. 예를 들면 번역이 「영문 한역」처럼 되지 않도록 경계해야 하지만 이를 지키기가 쉽지만은 않은 것 같다.

통상적으로는, 「영문 한역」은 학습이나 수업, 시험 등과 관계가 있어, 원문을 읽고 이해하고 한국어로 표현한다는 두 가지 작업을 의미한다. 그러나 「번역」에서는 가독성이 좋고 내용 전달이 잘 되어 있으면 독자라는 채점자로부터 일단 합격점을 받을 수 있다. 「영문 한역」에서는 원문과의 대조가 중요시되지만, 「번역」에서는 번역문의 자립성이 존중된다. 「영문 한역」은 문법에 구애되어 정확하지 않게 직역처럼, 「번역」은 유창하게 의역처럼 한다는 일반적인 인상도 강하다. 자연히 번역은 제2의 창작이 되는 셈이다.

그러나 중요한 것은 역시 양쪽에 공통될 만한 요소다. 원문 존중이라는 기본을 무너뜨리지 않으면서도 직역과 의역의 균형을 이루어야 한다. 번역문으로서 자연스럽고 의미가 통하기 쉬운 표현을 전제로 하여, 원문의 문체나 맛을 살려 내는 것이 중요하다.

오역과 악역의 구별에 대한 인식은 논자에 따라 반드시 일치하지는 않지만, 여기서 「오역」이란 원문에 대한 (어구, 구문, 문법, 내용 등의 면에서) 해석이 잘못되어 그것이 원인이 되어 만들어지는 번역문으로 보며, 「악역」이란 해석 그 자체는 바르게 이루어지고 있어도, 번역문을 통해서 원문 내용의 올바른 이해에 도달하기가 곤란한 것으로 해둔다. 즉, 「오역」이란 해석의 잘못에서 유래하고, 「악역」은 표현의 결함과 관계있는 것이다. 번역을 하는 사람이 오역과 악역을 피하기는 매우 어렵다. 기존에 번역된 소위 유명인의 번역물을 검토하여 오역과 악역을 찾을 수 없는 경우는 없을 것이다. 문제는 이런 요소들을 최소한으로 줄이는 작업이다. 물론 그것은 번역의 테크닉만 가지고 되는 것이 아니라 영어와 우리말에 대한 해박한 지식이 있어야만 가능한 일일 것이다.

1. 먼저 문체를 선택하라

번역시에는 먼저 영문의 성격에 따라 적절한 문체를 선택하는 일이 선행되어야 한다. 아동물인지, 대중물인지, 학술물인지, 또는 문학작품인지, 만화문이나 영화문인지, 법조문인지, 상용문인지, 외교문서인지, 또는 논설문인지, 대화문인지, 연설문인지, 설명문인지 등, 번역해야 할 영문의 성질과 그것을 읽거나 보는 대상자가 누구냐에 따라 문체가 약간씩 달라져야하기 때문이다. 물론 문체 속에는 거기에 합당한 번역 어휘의 선택도 병행해야 할 것이다.

예문

Diane Disney, daughter of the famous Walt Disney, didn't know what her father did for a living until she was six years old. Then a playmate at school told her. That night she asked, "Daddy, are you Walt Disney?" As a matter of fact, he didn't look famous to her. "You know I am," he said. "The famous Walt Disney?" She asked again. He was puzzled; then he grinned and nodded. At that moment, she said the words which he did not expect to hear from the member of his family: "Please give me your autograph."

역 유명한 월트 디즈니의 딸 다이앤 디즈니는 6살이 될 때까지 자기 아빠가 무슨 일을 하여 먹고 사는지를 몰랐다. 그런데 한 학교 친구가 그녀에게 말을 해 주었던 것이다. 그 날 밤, 딸은 물었다. "아빠, 아빠가 월트 디즈니야?" 사실 딸에게는 아빠가 유명한 사람처럼 보이지 않았던 것이다. "아빠 이름은 너도 알잖니," 아빠가 말했다. "그 유명한 월트 디즈니냐고?" 그녀는 다시 물었다. 그는 난처했다. 그래서 빙긋이 웃으며 고개를 끄덕였다. 그 순간, 딸은 아빠가 자기 식구로부터 듣게 되리라고는 상상도 못했던 말을 했다. "사인 좀 해 주세요."

이 글은 어린이의 시점에서 본 이야기이므로 문체나 어휘도 어린이 수준으로 번역해 보았다. 그래서 「아버지, 생계를 꾸려 가는지, 그녀, 히죽 웃다, 가족의 일원」은 「아빠, 먹고 사는지, 딸, 빙긋이 웃다, 식구」로 하였다. 물론 극단적인 예는 많지만 이처럼 하찮아 보이는 것조차도 번역자의 세심한 손길이 필요한 것이다.

연 습

해답 217쪽

1. Teenagers today are fed up with rules! Everywhere we turn — at home, in school, in the streets — we find nothing but rules, rules and more rules. Rules only serve to cramp our style, to prevent us from expressing ourselves freely, to give adults more time to themselves as they let rules "babysit" us. We can do without rules; only small children need them.

· be fed up with ~ : ~에 넌더리가 나다
· cramp : 속박하다
· prevent + o + from ~ing : ~를 못하게 하다
· babysit : 애를 보다

2. 반복을 피하라

영한 번역의 기본은 우선 자연스러운 표현으로 알기 쉽게 되어 있어야 한다. 중언부언하지 말고 될수록 간략하게 뜻을 전해야 한다. 영어에서는 주어나 목적어, 소유격 등 문장의 기본 요소가 반복되어 쓰이지만 그것을 다 번역하면 우리말에서는 이상해진다. 이것은 주어나 목적어

가 명사인 경우에도 해당이 되는데 예를 들어 Mr. Kim이 반복될 경우 처음에는 「김 선생」으로, 다음에 반복될 때에는 「그는」이거나 생략해야 할 때가 많다. 대표적으로 주어의 예를 들어본다. 기본적으로 주어를 번역하는 경우와 번역하지 않는 것이 더 자연스러운 경우가 있다.

(1) 주어가 1인칭과 2인칭인 경우

주어가 I나 you인 경우는 특히 강조하여 말하고 싶을 때 외에는 번역하지 않는 것이 보통이다. 왜냐하면 번역문이 중언부언 중복되는 표현이 되기 때문이다. 우선 예문을 보자.

예문 1

I met an old friend of mine yesterday.

역 1. 나는 어제 나의 옛 친구 하나를 만났다.
2. 어제 옛 친구 하나를 만났다.

이 예문은 단문이므로 역 1로도 괜찮은데, 역 1의 경우는 중학교 등에서 문법 정리도 포함해서 한 문장 한 구절 번역하는 영문 번역이다. 그렇지만 번역에서는 주어를 다 알 수 있는 경우에 번역하지 않는다. 주어를 일일이 번역하면 반복되고 산만해져서 자연스러운 문장이 되지 않는다. 역 2와 같이 주어인 I와 거기에 따른 mine도 번역하지 않는 편이 깔끔한 문장이 된다. 또 하나의 예문을 보자.

예문 2

I am glad to see him again because I haven't seen him for a long time.

역 1. 나는 그를 오랫동안 못 만났기 때문에 나는 그를 다시 만나서 기쁘다.
2. 오랫동안 그를 못 만났기 때문에 다시 만나서 기쁘다.

이 예문이라면 아마도 차이를 알 수 있을 것이다. 역 1과 같이 「나는, 나는」이라고 일일이 번역하면 장황하고 어색한 문장이 된다. 또 him의 경우도 반복할 필요가 없다. 역 2와 같이 간단명료하게 번역하는 것이 더 낫다. 다음은 you가 주어인 문장이다.

예문 3

Have you lost your passport?

역 1. 당신은 당신의 여권을 잃어버렸습니까?
2. 여권을 잃어버렸습니까?

you가 주어인 문장도 누군지 알고 있으므로 일일이 번역하지 않는다. 역 1은 직역이며 중학교 때 하는 번역으로 역 2가 더 자연스럽다. 그러므로 1인칭 I나 2인칭 you가 주어인 경우, 확실하게 강조하고 싶을 때 외에는 번역하지 않는다. 그것은 복수형 (we)의 경우도 마찬가지다.

연 습

해답 217쪽

1. Before I got into the train, it suddenly struck me how few people there were on the platform although the train was full.

· it strikes one ~ : ~에게 생각이 들게 하다

---

2. Do you know that you live in a world full of marvels, and that the most wonderful things are happening beneath your very noses? The commonest plants and animals about us act in a remarkable way; but I am afraid that many of us have eyes and no eyes, and pass them by.

· marvel : 불가사의한 일
· remarkable : 놀라운
· beneath : ~ 아래에

---

3. When we think of any virtuous or great deed, we cannot help thinking of the pain and obstacles that have to be met with in performing that deed.

· virtuous : 덕망 있는
· can't help ~ing : ~하지 않을 수 없다

· obstacles : 장애물

---

(2) 주어가 3인칭인 경우

주어가 3인칭 (he, she, they)인 경우는 그 주어를 번역할 필요가 있다. 그것은 1인칭이나 2인칭과 달리 주어가 누구인지 알 수 없게 되기 때문이다. 그러나 두 번째, 세 번째 반복해서 나와서 이제 누군지 알 수 있으면 번역할 필요는 없다. 하지만 3인칭이라도 일반인을 나타낼 경우에는 번역할 필요가 없는 경우도 있으니 주의해야 한다.

예문 1

He loves flowers and he is happy growing them.

역 그는 꽃을 몹시 좋아하고 꽃을 기르면서 행복하다

이 예문에서는 「누가」 꽃을 좋아하는지를 확실하게 해야만 한다. 다만 두 번째 he는 누군지 알 수 있으므로 번역할 필요는 없다.

예문 2

They are not emotional; they are not easily made into either friends or enemies.

역 그들은 감정적이 아니다. 쉽게 친구나 적이 되지도 않는다.

이번에는 주어가 They이지만 방법은 마찬가지다. 여기서도 두 번째 they는 누군지 알 수 있으므로 번역할 필요는 없다.

예문 3

He who hesitates is lost.

역 주저하는 자는 잃는다.

이 문장의 경우 He는 남녀 공통의 성을 나타내거나 총칭적으로 일반인을 나타낸다. they도 마찬가지로 총칭적으로 일반 사람을 가리키는 경우가 있다. 이런 때에는 주어를 번역하지 않는 것이 자연스럽다.

연 습

해답 218쪽

1. She had never laughed in her life, but the doctor said that she would get better if somebody made her laugh. So her father had made it known all over the land that the man who made

his child laugh would be made rich.

· get better : 병이 낫다

2. He who intends to be a great man ought to love neither himself nor his own things, but only what is just, whether it happens to be done by himself or by another.

· intend to ~ : ~할 작정이다, ~하려고 생각하다
· neither A nor B : A도 B도 둘 다 아니다 (양자부정)

3. They said they would make every possible measure to ensure world peace even if a few minor issues were left unsatisfactorily. The world breathlessly keeps an eye on how they will work out to arrive at a distance opinion.

· measure : 대책
· minor issues : 작은 문제
· keep an eye on ~ : ~을 지켜보다, 감시하다
· even if : 비록 ~라 하더라도
· breathlessly : 숨죽이고

3. 구체적으로 번역하라

모든 언어는 나름대로의 표현 방법을 지니고 있다. 따라서 영문을 그대로 직역해서는 의미가 통하지 않는 경우가 많다. 이럴 경우 전후 문맥으로부터 원문이 말하고자 하는 내용을 구체적으로 파악하여 우리말에 알맞은 표현으로 번역해야 한다. 특히 비유표현에 주의하자.

예문 1

When you take a drink it does not inevitably indicate that you are thirsty. In the human zoo, eating and drinking have come to serve many functions. Like a wine-taster, you may merely savour the flavour and then spit the liquid out. Under certain circumstances, you may be prepared to swallow a sheep's eyeball in order to maintain your social status.

역 한 잔의 물을 마실 때 그것이 네가 목이 마르다는 것을 반드시 나타내는 것은 아니다. 인간의 환경에서 먹는 것과 마시는 것은 여러 가지 기능을 조장하게 되었다. 술을 감정하는 사람처럼 너는 단지 그 향을 음미하고는 그 술을 뱉어낼 수도 있다. 어떤 상황 아래에서는 사회적 지위를 유지하기 위해 단호하게 행동할 준비가 되어 있을 수도 있다.

여기에서 human zoo와 swallow a sheep's eyeball은 각각 「인간 동물원, 양의 눈알을 삼키다」가 아니라 구체적으로 「인간 환경, 단호하게 행동하다」로 번역하는 것이 자연스럽다.

예문 2

Throughout his life, modern man is the object of influences which are directed to the end of robbing him of trust in his own power of thought.

역 평생을 통해 현대인은 자기 자신의 사고력에 대한 신념을 그에게서 빼앗으려는 목적에 부합되는 여러 종류의 영향을 받고 있다.

만일 이 문장을 「평생을 통해 현대인은 그 자신의 사고력에 대한 신념을 그에게서 빼앗는다는 목적에 부합되는 영향의 대상이 된다」고 번역한다면 의미가 통하겠는가? 이런 예가 바로 오역의 본보기다. 여기서 in은 trust in ~으로, 「~에 대한 신뢰, ~을 믿는 것」이라는 의미 관계를 나타내므로, in을 「~에서, ~ 중에서」등으로 번역하면 의미가 전혀 통하지 않는다.

연 습

해답 218쪽

1. I was a Crow. That is my chief memory of what went on inside the elementary school. In music class the singers were divided into three groups: Nightingales, Robins, and Crows. When visitors came to hear us sing, the Crows were taken out of the

room. I never understood why I was a Crow. As I heard it, I sang rather well.

· crow : 까마귀
· robin : 울새, 지빠귀새

2. The M25 opened in 1986. Today people call it the biggest car park in Europe. Every morning on the radio we hear about jams, and road repairs, and crashes, and which parts of the M25 to avoid. One day soon we will hear, "there is a traffic jam all the way round the M25 in both directions. If you are driving to work, we advise you to go back home."

· jam : 혼잡, 붐빔
· crash : 충돌

3. The Crane could help us in many ways in the future. It could help make a giant telescope. We could then see seven times

further into space. It could fly into space and back again and again. It could also help build a solar power station in space. This would give it extra power for longer flights. Who knows what the future will bring? Perhaps it will one day take people for sightseeing trips around the moon.

· solar power station : 태양 발전소
· telescope : 망원경
· sightseeing : 관광

4. 창작력을 발휘하라

영어문장과 우리글의 구조가 다르기 때문에 뺄 것은 빼고 넣을 것은 넣어서 창작력을 발휘해야 할 때가 많다. 너무 원문에 충실해서 번역할 경우 우리말로는 어색할 경우가 있기 때문이다. 물론 이 테크닉은 글의 종류와 상황에 따라서 적용해야만 한다.

예문 1

"He is a man," said Appolo slowly, "very attractive to women."
I made an exclamation of contempt.
"How women can be so foolish. What do they see in a fellow like that?"

역 「그는」하고 아폴로는 천천히 말했다. 「부인들에게는 대단히 매력 있는 남성이지요.」
나는 경멸하며 외쳤다.
「여자란 어지간히 바보군요. 저런 남자 어디가 좋다는 겁니까?」

영어문장을 직역해서 「여자들은 그런 사람에게서 무엇을 보는가?」라고 한다면 제대로 뜻이 전달되지 않는다. 특히 문학 작품의 경우에는 작가가 전달하고자 하는 내용을 작품 속에서 파악하여 조금도 왜곡되거나 잘못됨이 없이 마치 창작을 하듯이 번역을 해야 한다. 그러므로 정확한 직역에 바탕을 두고 뜻을 끌어내되, 생략할 것은 과감히 생략하고 추가할 것은 보충해야 한다.

예문 2

The conviction that we must search that which we do now know, will render us, beyond comparison, better, braver, and more industrious, than if we thought it impossible to discover what we do not know, and useless to search for it.

역 우리가 모르는 것을 찾아야 한다는 확신이 서게 되면, 전에는 그것을 발견할 수 없고, 찾아봐야 쓸모없다고 생각할 때보다 비길 수 없을 만큼 더 충실하고, 용감하고, 근면하게 되는 법이다.

이처럼 사소한 것 같지만, 원문을 가감하여 우리말에 어울리도록 번역을 하여야 한다. 예문에서는 심하게 변형을 하지 않는 간단한 문장만을 제시했지만 실제 번역이 어려운 것은 이렇게 창작을 하듯이 번역을 해야 한다는 점이다.

연 습

해답 219쪽

1. The girls she chose to collect were mystified, usually, by what she saw in them; they humbly perceived that they were very different from her. In private, they often discussed her, like toys discussing their owner, and concluded that she was awfully inhuman. But this increased their respect for her.

----

2. Paints and painting too must have been made for useful ends; and language was developed, from whatever beginnings, for practical communication. Yet you cannot have a man handle paints or language without instantly waking in him a pleasure in the very paints or language, a sense of exploring his own activity. This sense lies at the heart of creation.

5. 사소한 것도 놓치지 마라

번역에 능숙한 사람도 자칫하면 함정에 빠지기 쉬운 것이 시각적으로 짧은 어휘들이다. 일단 영문에 나와 있는 것은 필요에 의해서 쓰인 것임을 잊어서는 안 된다. 따라서 사소한 것들 즉 구두점(콤마, 콜론, 세미콜론, 대쉬)이나 짧은 단어인 관사(a, an, the), 각종 전치사(in, on, at 등)나 복수어미, 대명사(it, one, that this 등)나 형용사(somc, any), 조동사(will, shall) 그리고 접속사 같은 단어를 소홀히 취급하지 말아야 한다. 여기에서는 구두점의 일부와 some, before의 예를 들어 본다.

예문 1

It will be fine, I think; the barometer is rising.

역 1. 내 생각엔 날씨가 좋아질 거야. 기압계가 올라가고 있어.
2. 날씨가 좋아질 것 같아. 기압계가 올라가고 있거든.

세미콜론은 콤마와 피리어드의 중간 구두점으로서, 2개의 독립한 글이 대조, 비교, 이유, 설명 따위를 위해 접속되는 경우에 사용한다. 중문의 등위절이 등위접속사(and, but, or, nor, for, so, yet 등) 없이 연결될 때, 또는 등위접속사로 연결되더라도 좀 더 크게 분리하기 위해서 쓰인다. 예문에서는 for the barometer is rising의 뜻이므로 역 2처럼 이유의 의미를 살려주는 것이 더 좋다.

예문 2

The two rivals met at last — in a prison.

역 1. 그 두 라이벌은 마침내 만났다 — 감옥 안에서.
2. 그 두 라이벌은 마침내 만났다 — 하필 감옥 안에서.

대쉬 용법은 어세(語勢)를 강하게 할 경우, 앞의 것을 다시 설명할 경우, 앞에 열거한 어구를 총괄할 경우, 의미를 강하게 하기 위해 같은 말을 반복할 경우, 생각이 돌연 변하여 화제를 바꿀 경우, 괄호와 같은 의미로 쓰일 경우, 다른 두 사람의 말을 같은 줄에 쓸 경우 등 그 쓰임이 다양하다. 따라서 그 의미를 살려 번역에 반영해 주어야 할 때가 있다. 예문은 어세를 강조하기 위한 것이므로 역 2처럼 강조의 의미를 살리는 것이 좋다.

예문 3

It was one week before I knew that.

역 1. 내가 그 사실을 알기 전은 1주일이었다.
2. 1주일이 지나고서 비로소 그 사실을 알았다.

역 1은 직역으로 의미를 잘 알 수 없다. before는 「~ 전에」가 아니라 until과 같이 취급되어 「~ 지나고서 비로소」로 번역해야 자연스러울 때가 있으므로 주의해야 한다.

예문 4

Some people don't like singing.

역 1. 몇 사람은 노래하기를 좋아하지 않는다.
2. 노래하기를 싫어하는 사람도 있다.

some은 아주 사소한 단어이지만 역 1은 아무래도 잘 어울리지 않는 어색한 문장이 되고 만다. don't like도 그대로 「좋아하지 않는다」로 하지 말고 「싫어한다」로 번역하고, some을 「사람도 있다」로 번역하면 더 자연스러운 문장이 될 수 있다. 마찬가지로 Some of us are students.는 「우리들의 몇 사람은 학생입니다」보다 「우리들 중에는 학생도 있습니다」라고 하는 것이 더 자연스럽다. 또한 Do you have some money?는 「너는 약간의 돈을 갖고 있냐?」보다 「돈 좀 있냐?」가 감각적으로 좋다. 매우 사소한 것 같지만 막상 번역을 하다보면 문장의 자연스러움과 세련됨에 있어서 큰 차이를 만들 수 있다.

연 습

해답 220쪽

1. Your religion does not promise you a perfect life on earth; it does guarantee you the strength to bear suffering.

   · guarantee : 보장하다

2. The truth of the whole affair remained hidden under a heap of lies — that is, until this reporter came along and started digging into it.

   · heap : 더미

3. I saw a chapel all of gold
   That none did dare to enter in,
   And many weeping stood without,
   Weeping, mourning, worshipping.

   · chapel : 예배당
   · mourn : 슬퍼하다

4. Many problems have arisen between the legal and traditional affairs as women's roles have changes, and some of them remain unsolved. One of them I am concerned about is that some women want to remain single for their entire life but they want to have babies. How should such children be regarded legally and as well as socially?

· unsolved : 미해결의
· traditional : 전통적인
· legally : 법적으로

5. They had been discussing and reviewing every possible measure to ease the increasing tension and to restore security and public peace in the region. But finally the time came when they had peace talks. It had been 10 years before treaty agreed to conclude the peace treaty and overcome their grudges.

· conclude : (조약) 체결하다
· grudge : 원한, 악의
· tension : 긴장
· treaty : 조약

6. From the standpoint of daily life, however, there is one thing we do know: that man is here for the sake of other men—above all, for those upon whose smile and well-being our own happiness depends, and also for the countless unknown souls with whose fate we are connected by a bond of sympathy. Many times a day I realize how much my own life is built upon the labors of my fellow-men, and how earnestly I must endeavor to give in return as much as I have received.

· unknown souls : 미지의 사람들
· bond of sympathy : 공감의 유대
· for the sake of : ~를 위하여
· fate : 운명
· endeavor : 노력하다

6. 외래어의 선택에 신중하라

오늘날 외래어는 우리말의 상당 부분을 차지하고 있어 이미 우리말로 굳어진 어휘도 많다. 어떤 경우에는 우리말 표현으로는 의미가 통하지 않는데 반해 외래어 자체로 더 선명하게 뜻이 통하기도 한다. 그러나 외래어의 부정확한 사용으로 뜻이 왜곡되어 의미가 변질되는 경우도 있다. 때에 따라서는 외래어의 남용에 익숙한 나머지 그 단어가 지니고 있는 뜻의 다양성을 무시하고 고정된 의미로 오역이나 악역을 할 때도 있다. 문제는 특수한 경우에 외래어를 꼭 써야할 경우가 있지만 번역을 해야 할 경우라도 적절한 우리말을 찾기가 매우 어렵다는 점이다. 영문의 성격에 따라 어느 정도 외래어를 써야할지 결정하되 그것의 남발은 가급적 피하도록 한다. 특히 우리에게 매우 익숙한 외래어일수록 번역에 주의해야 한다.

예문 1

I've read a book on Lenin's revolutionary vision of a classless society.

역 1. 나는 계급 없는 사회의 레닌의 혁명적 통찰력에 관한 책을 읽었다.
2. 나는 계급 없는 사회라는 레닌의 혁명적 비전에 관한 책을 읽었다.

vision의 의미는 다양하지만 여기에서는 「통찰력, 선견지명, 장래를 꿰뚫어 보는 힘, 예견」의 뜻이다. 하지만 역 1보다는 2가 낫다. 이처럼 상황에 따라 그대로 외래어를 사용하는 것이 더 자연스러운 경우가 있다. 이와 유사한 단어로 reality, communication, well-being, orchestra, sportsman, counter, limousine, melodrama, contents 등 무수히 많다.

예문 2

His thirty years of practice at the bar was unhappy.

역 1. 그의 30년에 걸쳐 바에서 연습한 것은 불행한 것이었다.
2. 그의 30년에 이르는 변호사 생활은 불행했다.

bar에는 여러 가지 의미가 있어 번역이 어려운 단어 중의 하나이다. 법정 용어만으로도 뜻이 다양하다. He felt exposed at the bar일 때 bar는 카운터의 뜻으로 「카운터에 있으니 놀림감이 되는 것처럼 느껴졌다」로 번역될 수도 있다. test, coach 등 이런 부류에 속하는 어휘도 많으므로 번역시에 주의해야 한다.

예문 3

She was the problem child of the group, ...cribbing in examinations, sneaking weekends...

역 그녀는 그룹의 문제아로서, ...시험에서 컨닝하고 주말에는 행방을 감추고...

cunning은 우리말에서는 「부정행위」지만, 영어에서는 주로 「교활한」의 뜻으로 쓰인다. 「부정행위」에는 cheat, crib 등을 사용하는데 예문에서처럼 영어 cunning이 아니라 우리말 「컨닝」이 일상생활에서 부정행위를 나타내는 말로 표현되고 있는 실정이다. 「핸들」의 경우도 유사하다. 따라서 번역자는 이런 상황에 직면할 때가 있으므로 상황에 따라 융통성을 발휘해야 한다.

예문 4

Apartments for Rent

역 아파트 세놓음.

우리말의 「아파트」는 원래 apart도 apartment도 아닌 apartment house 또는 apartment building이다. apartment만이라면 「아파트 안의 한 부분」을 가리켜, 아파트 건물 중 한 세대가 사는 주거 부분을 밀힌다. 그런데 「아파트」는 완전히 우리말로 굳어져 마치 외래어가 아닌 듯이 사용되고 있다. demonstration이 「데모」로 쓰이는 것도 유사한 예이다. 이처럼 번역시에는 애매한 외래어 표현에 접할 기회가 의외로 많다. 이미 우리말로 굳어진 외래어와 잘 구별하여 남발은 하지 않는 것이 좋을 것이다. 카페, 터미널, 빌라, 모텔, 쇼핑, 그랑프리, 램프(ramp), 코미디언, 케익, 렌트카, 세일, 헬스 등의 일상용어와 스포츠, 예술, 컴퓨터 용어 등 전문용어의 번역시에 그 말이 갖는 뉘앙스에 유의해서 어휘를 적절히 선택해야 한다.

연 습

해답 222쪽

1. There is no more final test of university adequacy than its effectiveness in creating a widespread curiosity in books.

· adequacy : 적절, 타당성
· widespread : 널리 퍼진

---

2. Every day the stores are filled with women who are apparently in no hurry to return home, since they migrate from one department to another in the most leisurely fashion.

· apparently : 외견상
· migrate : 이동하다

---

3. Galvin respected the old man greatly. Which explained Moe's daughter. If he has not taken advantage of Rhonda, a real knockout, it had been only partly a matter of honor. When it came to sex Galvin had very little honor.

· knockout : 매력적인 사람, 녹아웃
· take advantage of: ~를 이용하다.

4. A vacuum-cleaner salesman was forcing a demonstration on the woman of the house. First he scattered coffee grounds, dust and dirt all over her sofa and living-room rug. Then, he said, "Madam, I'll eat every bit of the stuff that my vacuum-cleaner doesn't pick up." The woman started to leave the room.
"Where are you going?" called the salesman.
"To get you the spoon, " she said. "We haven't had any electricity since yesterday's tornado."

· vacuum : 진공
· demonstration : 시범
· scatter : 뿌리다

7. 제약에 능동적으로 대처하라

영어문장의 특성에 따라 영한 번역시에 형식과 내용에서 제약을 받는 경우가 있다. 교육용 글이라든가 영화(비디오, DVD 포함)나 만화, 또는 삽화나 텔레비전물의 자막(subtitle) 등의 경우에는 한 화면이나 커트에 들어갈 글자 수의 제한이 따른다. 또 말로 표현하는 대사는 화면의 시간과 일치하지만 그것을 표현하는 자막은 그 내용이 많을 경우 다 읽기 전에 화면 전환이 되기 때문에 어쩔 수 없이 내용을 줄여 함축적으로 표현할 수밖에 없다. 시간적 제약과 공간적 제약이 수반되는 것이다. 대부분의 경우에는 통상적으로 글자 수를 늘이는 것보다는 줄여야 할 때가 많다. 또 대중을 상대로 하기 때문에 지나친 비어나 속어 표현을 그대로 옮기기가 어려울 때도 많다. 영화의 경우 글자 그대로 번역한다면 아마도 공연 윤리 위원회의 심사를 통과하지 못할 것이다. 때에 따라서는 번역을 의뢰한 쪽에서 자신들의 이익이나 입장을 위해 특별히 요구하는 사항이 있을 경우도 있다.(선전문, 노랫말, 미묘한 외교 문서 등) 그러므로 영문의 종류에 따라 상황에 알맞은 별도의 번역테크닉이 필요한 경우들이 있다.

예문 1

You'll wish your daddy never dicked your mama.

역 부모가 널 낳지 않았으면 좋았으리라고 생각할 거다.

여기에서 dick은 남성의 성기를 의미하는 비어로 그대로 직역하기가 어렵다. 따라서 위와 같이 완곡하게 표현할 수밖에 없다. 이러한 예는 대중예술인 영화에서 특히 흔하게 볼 수 있다.

예문 2

I got me this job one time, bussing tables at a country club so I could case all these big, rich pricks that come in. So I picked out this guy, go in one night, and do this place. He wakes up and gives me shit. So I killed him. Him and this tasty bitch he was with. And that's the best part. She's fucking this prick, see, this golf pro, but she's married to some other guy. Some hotshot banker. And he's the one they pinned it on.

역 1. 예전에 한 컨트리클럽에서 식기 치우는 일을 한 적이 있어. 거기 돈 많은 녀석들이 많이 들락거렸기 때문에 보아 두었다가 십을 털려고 말이야. 그래서 그 중 한 놈을 골라서 한밤중에 그 놈 집을 털었지. 녀석이 깨어나 내 신경을 건드리는 거야. 그래서 죽였지. 그 놈하고 같이 있던 매력적인 정부도 함께 말이야. 그런데 재미있는 건 그 놈이랑 놀아나고 있던 여자는 남편이 있는 여자였어. 잘 나가는 은행가라고 했어. 그리고 그 남편이 죄를 뒤집어 써 대신 잡혀 들어갔지.

2. 컨트리클럽에서 일할 때/ 돈 많아 보이는 놈이 있어서/ 그 놈을 찍었어/ 밤에 그 집을 털었는데/ 그 녀석이 잠을 깨서/ 내게 대들었지/ 그래서 죽였어/ 정부도 죽이고/ 그게 제일 근사 했어/ 그 여잔 결혼한 여자였는데/ 골프 코치랑 붙었었지/ 남편은 잘 나가는 은행가라고 했어/ 그 녀석이 대신 잡혔지/

역 1은 보통 번역이고 역 2는 영화의 화면에 맞게 짧고 생략해서 번역한 것이다. 물론 이런 번역은 영화내용의 흐름이나 분위기에 알맞게 핵심적인 요소만을 추린 것이다. 시간도 부족하고 화면을 통해 알 수 있는 것을 굳이 번역할 필요가 없기 때문이다. 이것은 극히 일부의 예이지만 이처럼 상황에 따라 번역 방법에 차이가 있어야 한다.

예문 3

Keycheck space minus O. Keychecks off. Safety space minus O. He's turned the safety systems off. He doesn't want anybody to see what he's about to do. Now look at his next entry. It's the kicker. "White Rabbit Object." Whatever it did, it did it all. But with keychecks off, the computer didn't file the keystokes. So the only way to find them now is to go through the computer's lines of code one by one.

역 키보드 사용 검색 프로그램이 전혀 안 되는군요. 보안시스템까지 껐어요. 지금 하려는 뭔가를 숨기려고 하는 짓이에요. 자, 입력한 걸 보세요. 새로운 문제예요. "하얀 토끼 대상." 그게 뭐든 시스템을 완전히 꺼버렸어요. 키보드 사용 검색 프로그램 없이는 컴퓨터가 작동되지 않아요. 찾아내려면 컴퓨터 코드를 하나씩 검색해야 해요.

이 예문에서는 컴퓨터에 관한 전문적인 지식이 필요하다. 전문성을 띠는 영문을 번역하려면 전문 용어에 능통해야 한다. 미생물이나 물리학, 철학, 전자공학 등 관련 분야의 어휘를 우리말에 적합한 표현으로 바꾼다는 것은 결코 쉬운 일이 아니기 때문이다.

예문 4

A: Can I take your picture?
B: Hey, knock yourself out, buttplug.
A: See you later.
B: Have a ball, kid.

역 A: 사진 찍어도 되나요?
B: 이봐, 꺼지라구, 귀찮은 놈.
A: 나중에 봐요.
B: 신나게 놀아.

여기서 knock yourself out(자진해서 꺼져), buttplug(혼나기 전에), have a ball(유쾌한 한 때를 보내다)은 속어나 비어이다. 예문 1에서처럼 그것의 번역을 직역하지 말고 완곡하게 표현하는 것도 문제지만 무수히 많은 비어나 속어 표현에 능통해야 하는 것도 번역사가 해야 할 일이다. 물론 이는 매우 힘든 일이지만 영화와 같은 대중 오락물을 번역할 경우 자주 부딪히는 문제 중에 하나이다. 따라서 그런 표현을 접할 때마다 가능한 수단을 동원해서 정확한 의미를 알아내도록 해야 할 것이다.

연 습

해답 223쪽

1. A: In the future, when a woman's crying like that, she ain't having any fun!

B: Come on. It's okay.

A: Bitch! I should have gone ahead and fucked her.
B : What did you say?

A: I said suck my cock.

2. 'bout four years ago I was in Thomaston on a two-to-three stretch. I stole a car. It was a dumbfuck thing to do. About six month left to go, get a new cellmate in. Elmo Blatch. Big, twitchy fucker. Kind of roomie you pray you don't get. You know what I'm saying? Six-to-twelve on burglary. He said he pulled hundreds of jobs. Hard to believe, high-strung as he was. You'd cut a loud fart, he'd jump three feet in the air. Talked all the time, too. That's the other thing. He never shut up. Places he'd been in, jobs he'd pulled. Women he fucked. Even people he killed. People who have him shit. That's how he put it. So, one night like a joke I said to him, I say,"Yeah, Elmo, who did you kill"

· twitchy : 실룩 움직이기, 경련을 일으키기
· high-stung : 긴장한, 민감한
· dumbfuck : 어리석은
· burglary : 절도

3. Well, maybe dinosaurs have more in common with present-day birds than they do with reptiles. Look at the public bone — it's turned backwards, just like birds. Look at the vertebrae, full of air sacs and hollows, just like birds. And even the word raptor means "bird of prey." Try to imagine in the Cretaceous period. You get your first look at the six-foot turkey as you enter a clearing. He moves like a bird, lightly bobbing his head. And you keep still, because you think maybe his visual acuity's based on movement like T-rex, and he'll lose you if you don't move. But no, not Velociraptor. You stare at him, and he just stares right back.

· vertebrae : 척추골
· air sacs : 공기 주머니, 새의 기낭
· T-rex = Tyrannosaurus Rex
· reptile : 파충류
· bob : (위 아래로) 가볍게 움직이다

4. Near, far, wherever you are
I believe that the heart does go on
Once more you open the door
And you're here in my heart
And my heart will go on and on

Love can touch us one time
And last for a lifetime
And never let go till we're gone.

8. 문화 차이를 항상 주시하라

번역 작업은 언어와의 싸움인 바, 그것은 곧 문화와의 싸움이 된다. 언어란 유일한 사회적 관습이며, 문화적 의미들은 언어의 조직과 복잡하게 얽혀 있기 때문이다. 그러므로 번역을 통해서 문화적 요소들을 전이하는 과정은 복잡하고도 난해한 작업일 수밖에 없다. 번역시에는 많은 이질적 언어 문화적 요소에 부딪치기 때문이다. 이는 순전히 언어 자체의 차이에서 오는 문제와 언어외적 문제, 즉 사회적, 역사적, 문화적 배경 등의 차이에서 오는 문제로 대별될 수 있을 것이다. 번역자는 항상 문화 차이를 주시하여 그것을 바탕으로 한 표현들의 의미를 놓치지 말아야 할 것이다.

예문 1

Don't get all ophra on me. I blew it okay?

역 설교하지 마. 실수한 거 인정하니까.

여기서 ophra는 한창 인기를 끌었고 아직도 인기를 유지하고 있는 Ophra Winfrey Talk Show를 의미한다. 물론 이런 표현은 세월이 지나 이 텔레비전 프로그램의 효과가 없어질 즈음에는 사라질 말이겠지만 오늘날 미국에서는 흔히 통용되는 표현이다.

예문 2

A: Damn, Baby got more cakes than Duncan Hines, Man.
B: Damn. Mmm... Bet you bite a chip.

역 A: 젠장, 엉덩이 끝내 주는데.
B: 진짜. 음... 침 흘리는 거 다 알아.

여기서 Duncan Hines는 유명한 제빵 회사로 케익, 머핀, 쿠키 등을 만드는 회사이다. 또한 cakes는 속어로 「엉덩이, 성적 매력이 있는 여자」를 말하고 chip은 케익이나 쿠키에 박혀 있는 초코렛 같은 것을 말한다. 실제로 'bite a chip'은 미국에서 사용된 유명한 과자의 선전 용어로 잘 알려진 어구이다. 따라서 이 짧은 대화에 함축된 의미는 많으며 문화적 배경을 모르면 번역하기 어려운 것들이다.

예문 3

A: All right. Garment factory.
B: Shake and bake, boys! I think we got a barbecue. Caught yourself a hot one first time out, kid.

역 A: 자 이번엔 의류공장이야.
B: 신나게 흔들리겠군, 애송이들! 바비큐 파티다. 이봐, 꼬마. 첫날부터 큰 거 걸렸어.

화재를 진압하러 가는 소방수들의 대화이다. 여기서 shake and bake는 미국의 한 식품명으로 집에서 손쉽게 만들어 먹을 수 있는 케익 같은 것이다. 아울러 바비큐란 표현도 내포된 의미가 깊다. 실제로 이런 표현들은 배경적 지식이 있다 하더라도 번역하기가 매우 난처한 것들이다. 이 대화문에서 과연 shake and bake를 무엇이라고 번역해야 어울릴까? 「신나게 흔들리겠군, 신나게 요리하게나」 등도 적절한 표현이라고 할 수 없을 것이다.

연 습

해답 225쪽

1. A: Star Trek's coming along.
   B: I love it.
   A: Do you really?
   B: Yeah. I'm a Trekkie.
   A: Get out of here. I'm a Trekkie.

----

2. A: What's normal? Those damn "Dawson's river kids" sleeping in each other's beds and whatnot?

   B: Daddy, that is so not.....

   A: Got news for you. I'm down. I've got the 411. And you're not going out and getting jiggy with some boy. I don't care how dope his ride is.

· whatnot : 선반, 이것저것 여러 가지 물건
· dope : 마약

3. A: Oh, come on, Martin. Let's get our own apartment.

B: Oh, nah, wait. We had the chance to get base housing. You got cold feet.

A: I know, but that was a year ago. I wasn't ready then. I'm ready now.

B: Well, you know I'm all for it. But it's gonna be at least another year before base housing opens up.

4. A: Of course she wants to stay. Wouldn't you rather be Humphrey Bogard than the other guy?

B: I don't want to spend the rest of my life in Casablanca married to a man who runs a bar. I probably sound very snobbish to you but I don't.

A: You'd rather be in a passionless marriage.

B: And be the first lady of Czechoslovkia.

A: Than live with the man you've had the greatest sex of your life with, and just because he owns a bar and that is all he does.

B: Yes. And so had my woman in her right mind, woman are very practical, even Ingrid Bergman which is why she gets on the lane at the end of the movie.

· snobbish : 속물의
· passionless : 애정 없는

PART 2

실제 번역 작업을 할 때에는 문장 내에서의 단어나 구가 어떻게 쓰이고 있는가에 따라, 그리고 문법적 기능과 형태가 어떤가에 따라 의미가 달라지는 경우가 많다. 또 영어 문장의 구성이 우리말의 구성과 상이하기 때문에 상황에 따라 우리말에 알맞은 표현을 찾아야만 한다.

1. 무생물 주어

영어 특유의 무생물 주어를 자연스럽게 번역하는 것은 번역 기법상 매우 중요하며 상황에 따라 여러 가지 방법이 있다. 우선 무생물 주어나 추상명사는 문맥에 맞도록 적당한 부사구나 부사절로 고쳐서 번역하고 목적어(대개 사람)를 주어로 번역하는 것이 상례이다. 이 때 무생물 주어는 조건, 이유, 시간, 양보, 목적, 결과 등을 나타낼 때가 많다. 물론 모든 무생물 주어나 추상명사를 다 이렇게 번역하는 것은 아니다. 우리말과 자연스럽게 일치될 때는 주어 그대로 번역할 수도 있다. 또 무생물 주어의 문장이 아니더라도 그런 방법으로 번역하는 하는 것이 더 자연스러운 경우도 있다.

예문 1

His sincerity made him loved by everybody.
→ As he was sincere, he was loved by everybody.

역 1. 그의 성실성이 모든 사람들에 의해 그가 사랑 받게 했다.
2. 그는 성실하기 때문에 모든 사람들에게 사랑을 받았다.

여기서 추상명사 주어는 역 2에서처럼 이유를 나타내는 부사절로, 목적어인 him은 주어로 번역하는 것이 자연스럽다.

예문 2

This road will take you to the station.
→ If you follow this road, you will get to the station.

역 1. 이 길은 너를 정거장에 데려다 줄 것이다.
2. 이 길로 가면 정거장이 나온다.

여기서 무생물 주어는 역 2에서처럼 조건절로, 목적어인 you는 주어로 번역하는 것이 우리말에 더 가깝다.

예문 3

His good income enabled him to live in comfort.
→ He earned so good income that he could live in comfort.

역 1. 그의 좋은 수입이 그를 편안하게 살 수 있도록 했다.
2. 좋은 수입으로 그는 편안히 살 수 있었다.

역 1보다는 역 2가 훨씬 자연스럽다. 여기서는 무생물 주어 구문이 결과로 번역되었는데, 이것을 이유로 번역하여 「그는 수입이 좋았기 때문에 편안히 살 수 있었다」로 할 수도 있다.

연 습

해답 227쪽

1. The unexpected suggestion shocked people there and brought them into silence.

· unexpected : 갑작스런, 예기치 않은

2. Our first meeting was at an obscure library, where the accident of our both being in search of the same very rare volume brought us into closer communion.

· obscure : 주의를 끌지 않는, 유명하지 않은, 외진, 벽지(僻地)의
· communion : 친교, 영적 교섭

3. Luck or the grace of Heaven may seem to take part in many happenings in life, but a little deeper looking into the causes of them reveals that one's own efforts were by far more responsible for them than most people imagine.

· grace : 은혜, 은총
· reveal : 나타내다

4. The strange noise behind him made him walk faster. The furious growls of the hungry wolves were now redoubled and the old man began to feel helpless. The number of the animals seemed to increase every moment, until the forest behind him seemed to be alive with wolves.

· growl : 으르렁거리는 소리
· be alive with ~ : ~로 우글거리다

5. I took a bundle of old letters out of a jacket pocket this morning to look for a document which I wanted, and which I thought

might be there. It was not there. I was not in the least surprised. I am never surprised when I do not find things in my pockets. Long experience has taught me not to expect to find what I want in my pocket and what ought to be there.

· bundle : 뭉치, 꾸러미
· not in the least : not at all

6. The rumor of the company's collapse has made its employees feel uneasy, but a major enterprise's acquisition of the company will save their lives and deprive their minds of anxiety. The news is not really welcome by them, but it can help them get rid of the anxiety to a certain degree.

· collapse : 도산
· acquisition : 흡수 합병, 획득
· get rid of ~ : ~를 제거하다

무생물 주어는 아니지만 무생물 주어의 문장과 같은 요령으로 번역할 경우 더욱 자연스러운 경우를 살펴보자. 이러한 번역 기술에 익숙해지면 매우 편리하다.

예문 1

He is a good swimmer.

역 1. 그는 좋은 수영인입니다.
2. 그는 수영이 능숙하다.

이 예문을 그대로 번역하면 역 1처럼 되어 이상한 문장이 되어 버린다. 그래서 a good swimmer를 역 2와 같이 「수영이 능숙하다」라고 무생물 주어 문장의 발상으로 좀 더 변화 있게 해석하면 산뜻한 문장이 된다. 역 1과 같이 해석하는 경우도 있겠지만, 역 2와 같이 하는 것이 자연스럽고 영문 자체도 그러한 의미 내용을 갖고 있다.

연 습

해답 229쪽

1. The travel plan Mr. Kim made for me is very good. He is a good planner.

2. Mrs. Smith's speech was well organized and very persuasive. She is a better speaker than you.

· persuasive : 설득력이 있는

---

3. Being so depressed and weary, she closed her eyes with a sigh in her chair. When I asked her, she smiled bitterly and started talking about what had happened and how she had struggled through hardships and obstacles. So, I tried to be a good listener and a good supporter so that she could recover.

· depressed : 의기소침한
· bitterly : 씁쓸하게
· struggle through : 극복하다, 애써 나아가다

---

2. 소유격과 of

소유격인 -'s나 its, his, her, their 등 그리고 전치사 of는 특히 번역시에 주의해야 한다. 소유격에는 문장 상황에 따라 소유자, 저자나 발명가, 주격 관계, 목적 관계 등 그 쓰임이 다양하다. 그러므로 문맥과

그 쓰임에 맞게 소유격을 번역해야 한다.

(1) 소유격

소유격이 나오면 보통 「~의」라고 번역하는 것이 보통이다. 물론 틀린 번역은 아니어서 뜻이 통하지만 말끔한 번역이 되지 못하는 경우가 많이 있다.

예문 1

No one came to my brother's rescue.

역 1. 아무도 내 형의 구출을 위해 오지 않았다.
2. 아무도 내 형을 구출하러 온 사람은 없었다.

brother's rescue를 단순히 「형의 구출」로 번역해도 의미는 통하지만 역 1에서처럼 역시 목적관계로 풀어서 번역하는 것이 더 좋다. 그러나 Without my brother's rescue, I should have been drowned.의 경우에는 「내 형이 구출해 주지 않았더라면 나는 익사했을 것이다」로 주격 관계로 번역하는 것이 더 자연스럽다.

예문 2

The teacher's absence on that day provided a good opportunity for the students to get into mischief.

역 1. 그 날 선생님의 결근은 학생들에게 장난을 칠 좋은 기회를 마련해 주었다.
2. 그 날 선생님이 결근했기 때문에 학생들은 장난을 치는 좋은 기회가 되었다.

teacher's absence를 「선생님의 결근」이라고 해도 의미는 통하지만 여기서 소유격은 주격을 나타내므로 「선생님이 결근한 것」즉 주격으로 번역하는 것이 자연스럽다. 앞에서 설명한 것처럼 주어가 추상명사인 absence이므로 풀어서 해석해 주는 것이 좋다.

예문 3

Our discovery of beauty, indeed, is the beginning of a full enjoyment of life.

역 1. 우리의 미의 발견은, 정말, 인생의 완전한 즐거움의 시작이다.
2. 사실, 우리가 미를 발견하는 것은 인생을 즐기는 첫걸음이다.

여기에서 「소유격 + 명사 + of + 명사」는 「주어+동사+목적어」관계가 성립하는 것으로 「우리의 미의 발견」보다는 「우리가 미를 발견하는 것」으로 번역하는 것이 자연스럽다. of의 다양한 번역 방법은 다음 장에서 설명한다.

연 습

해답 229쪽

1. The city's capture by the guerrilla bands threw the neighboring areas into great disorder, and confusion.

   · capture 점령
   · confusion 혼란

2. Tolstoy's dislike of leisure was due to his own experience as an idle youth and his observation of the rich men and women.

   · due to ~때문에
   · observation 관찰

3. Mountains are nature's most spectacular work upon this earth. Scientists have long been fascinated by high mountains. They suspect that the air breathes, the water he drinks may have come originally from volcanoes and they hope to find in the mountain's structure clues to the earth's creation.

   · volcano 화산
   · spectacular 장엄한

4. Is there no room on television to teach, to inform, and to uplift, to stretch, to enlarge the capacities of our children? Is there no room for programs to deepen the children's understanding of children in other lands? Is there no room for reading the great literature of the past, teaching them the great traditions of freedom?

· uplift 향상시키다
· stretch 신장시키다
· capacity 능력

(2) 명사 사이의 of

명사와 어울려 명사구를 이루는 전치사 of는 특히 번역시에 주의해야 할 단어 중에 하나이다. 즉 「A of B」를 단순히 「B의 A」라고 번역해서 뜻이 통하는 경우도 있지만 주격 관계나 목적 관계, 또는 동격 관계 등 다양한 관계를 나타내므로 상황에 알맞게 번역하는 기술이 필요하다.

예문 1

The attainment of an engineering degree is no easy task.

역 1. 공학 학위의 취득은 쉬운 일이 아니다.
2. 공학 학위를 따는 것은 쉬운 일이 아니다.

물론 「공학 학위의 취득」이라고 번역해도 잘못은 아니다. 하지만 역 2처럼 of를 목적 관계로 해석하는 것이 자연스럽다. 이처럼 명사, 특히 추상명사 사이에 of가 있을 경우 추상명사의 뜻을 풀어서 번역하는 습성을 길러야 한다.

예문 2

Ceremony is the invention of wise men to keep fools at a distance.

역 1. 예의는 어리석은 자를 멀리 하기 위한 현자들의 창안이다.
2. 예의는 어리석은 자를 멀리하기 위하여 현자들이 창안해 낸 것이다.

여기에서 of는 주격 관계를 나타내므로 「현자들의 발명」이라고 번역하는 것보다는 역 2에서처럼 「현자들이 창안해 낸 것」으로 하는 것이 훨씬 자연스럽다.

예문 3

I had the lonely child's habit of making up stories and holding conversation with imaginary persons.

역 1. 나는 이야기를 지어내는 것과 가상의 인물들과 대화를 나누는 것의 고독한 소년의 버릇을 갖고 있었다.
2. 나는 이야기를 지어내고 가상의 인물들과 대화를 나누는 고독한 소년의 버릇이 있었다.

여기에서 of는 동격을 나타낸다. 즉 이야기를 지어내고 대화를 하는 것이 습관이다. 이를 「이야기를 지어내고 대화를 하는 것의 습관」이라고 번역한다면 매우 어색하다. 동격 관계는 다음과 같은 경우도 있다.

예문 4

I am quite exhausted with a mountain of home task to do.

역 1. 나는 해야 할 집안일의 산으로 아주 녹초가 되었다.
2. 태산 같은 집안 일로 해서 나는 아주 녹초가 되었다.

an angel of a wife가 「천사 같은 아내」(=a wife like an angel)가 되듯이 a mountain of home task(산더미 같은 집안일)은 home task like a mountain의 뜻으로 앞의 a mountain of가 뒤의 home task를 수식하여 「~와 같은」의 뜻을 지닐 때도 있다. 이를 「집안일의 산」이라고 번역한다면 악역이 될 것이다.

예문 5

Jack saw the dead trees, the only reminders of what once must have been a green forest.

역 1. 잭은 한 때 틀림없이 푸른 숲이었음에 틀림없는 것의 유일한 암시인 죽은 나무들을 보았다.
2. 잭은 전에는 틀림없이 푸른 숲이었을 것이라는 사실을 유일하게 기억나게 하는 죽은 나무들을 보았다.

전치사 of가 갖고 있는 격의 기능은 명사나 동명사에게만 국한하는 것이 아니라 명사절이 올 경우에도 마찬가지로 주격, 목적격, 동격의 의미를 취한다. 따라서 이 예문에서 reminder of what~은 「~것을 상기시키는 것」으로 번역한다. of는 목적 관계를 나타내고 reminder는 타동사로 풀어서 번역한다.

연 습

해답 230쪽

1. Education is an opportunity, not a ceremony. It means the sacrifice of gaiety at the age when gaiety is prized highest.

· gaiety : 쾌활
· sacrifice : 희생

2. Questions of education are frequently discussed as if they bore no relation to the social system in which and for which the education is carried on. This is one of the commonest reasons for the unsatisfactoriness of the answers.

· bear relation to : ~에 관계가 있다
· carry on : 경영하다, 행하다

3. One of the more important communicative tasks that confronts a traveler is the recognition of when a speaker has said "no." That is, one needs to be able to recognize that a respondent has refused or denied that which the speaker had demanded, solicited, or offered. Equally, one needs to acquire the appropriate manner in which to respond in the negative when offered, solicited, or demanded something.

· respondent : 응답자
· solicit : 간청하다
· confront : 직면하다
· appropriate : 적절한
· solicit : 간청하다

4. Although in recent years cinema-going has declined, the film clearly remains one of the most important of the new means of communication. The coming of television has led to a crisis in the industry and to the closing of a lot of cinemas. But television has made the film a part of our daily life by using film materials on television itself. There must be very few people who pass through any week without coming into contact with a film of some kind.

· decline : 쇠퇴하다
· coming of TV : TV가 도래한 것
· closing of cinemas : 영화관을 닫은 것

3. 주어가 아닌 대명사

Part I에서 주어로서의 대명사를 번역하는 방법에 대한 해설과 연습을 했는데, 여기에서는 목적어, 소유격 대명사, 그리고 반복을 피하기 위한 대명사(one, that, those)의 번역법을 살펴본다.

(1) 목적격, 소유격의 대명사

주격 대명사는 기본적으로는 번역해야 하지만 목적격과 소유격의 경우에 번역상 기술이 필요하다.

예문 1

She said something to herself.

역 1. 그녀는 그녀 자신에게 뭔가를 말했다.
2. 그녀는 자기(자신)에게 뭔가를 말했다.

역 1로도 의미는 알 수 있지만, 직역이라 자연스러운 문장이라고는 할 수 없다. 역 2와 같이 herself를 「자기(자신)에게」라고 번역하는 게 좋다. 경우에 따라서는 「그녀는 혼잣말을 했다」라고도 번역할 수 있다. 또 하나의 예문을 보자.

예문 2

They did such things by themselves.

역 1. 그들은 그들 자신이 그런 일을 했다.
2. 그들은 스스로(직접) 그것을 했다.

역 2와 같이 by themselves를 「스스로(직접)」라고 번역하면 더 자연스러운 문장이 된다. 마지막으로 또 하나의 예문을 보자.

예문 3

She bought a present with her money for her mother on Mother's Day.

역 1. 그녀는 「어머니 날」에 그녀의 어머니를 위해 그녀의 돈으로 선물을 샀다.
2. 그녀는 「어머니 날」에 자신의 돈으로 어머니에게 선물을 샀다.

여기에서 포인트는 her의 번역이다. 역 1과 같이 「그녀의, 그녀의」라고 번역하면 자연스러운 문장이 되지 못한다. 「자신의」라고 번역하면 자연스럽다. 두 번째의 her는 번역할 필요 없다. 경우에 따라서는 「자신의 용돈으로」라고 번역하면 좀더 좋을지 모르겠다. me, my, him, her, them, their를 항상 「자기(자기들)의(에게, 로)」라고 번역해야만 할 이유는 없지만, 이 말들을 그렇게 번역하는 기법을 익혀두는 것이 좋다.

예문 4

Mr. Park interested himself in the enterprise.

역 1. 박 선생은 그 사업에 그 자신을 끌어넣었다.
2. 박 선생은 그 사업에 관계했다.

oneself가 타동사의 목적어로 쓰이는 경우 직역하게 되면 어색한 표현이 되기 싶다. 대체로 '타동사 + 재귀대명사'의 경우 자동사 즉 능동으로 해석하는 것이 무난하다. 관용구로 되어 있는 것은 무리가 없겠지만 그렇지 않을 경우 이 기법을 사용하는 것이 좋다.

연 습

해답 231쪽

1. Tom finally admitted his loss after debating long.

   · debate : 토론

2. He was having a nightmare. He knew it was going to be bad and he resigned himself to how bad it was going to be.

   · nightmare : 악몽
   · resign oneself to ~ : ~을 단념하다, 체념하다, 감수하다

3. Some very eminent men of science have interested themselves in the utilization of the internal heat of the earth, and there can be little doubt that sooner or later, some attempt of this kind will be made.

   · utilization : 이용
   · interest oneself in ~ : ~에 관심을 갖다.
   · internal : 내부적인

---

4. Who is the government for? All the lawmakers are concerned not about the nation's interests but about their interests. They don't realize how their activities jeopardize our wellbeing. So we suggested they regularly evaluate themselves by referendum.

· jeopardize : 위험에 빠뜨리다, 위태롭게 하다
· lawmaker : 국회의원
· referendum : 국민투표

---

(2) 반복을 피하는 대명사

영어에서는 같은 말이 반복되는 일을 피하기 위해서 one, that, those 등의 대명사들을 자주 사용한다. 이들의 자연스러운 번역법에 대해 알아보자.

예문 1

I don't like black cars, but I like white ones.

역 1. 나는 검은 차는 좋아하지 않습니다만, 나는 흰 차를 좋아합니다.
2. 검은 차 싫어합니다만, 흰 것은 좋아합니다.

역 1은 의미는 알 수 있지만 직역이라 좋은 문장이라고는 할 수 없다. 「좋아하지 않습니다」라고 직역하는 것도 그다지 좋다고는 할 수 없다. 여기서 ones도 강조하는 경우를 제외하고 「차」라고 두 번 번역하는 것도 좋지 않다.

예문 2

Your idea is better than that of mine.

역 1. 너의 생각은 나의 그것보다 좋다.
2. 너의 생각은 내 것보다 좋다.

이번에는 that의 번역법인데, 이것도 역 2와 같이 one과 같은 발상으로 해석하면 산뜻한 번역이 된다. those는 that의 복수형이므로, 같은 생각으로 해석하면 된다. 또 이런 단어들의 쓰임이 다양해서 어떤 것을 가리키는지 번역시에 주의해야 한다.

예문 3

She has a car and likes to drive it. I want one.

역 1. 그녀는 자동차를 가지고 있는데 그것을 운전하는 것을 좋아한다. 나도 한 대 갖고 싶다.
2. 그녀는 차가 있는데 운전하기를 좋아한다. 나도 차를 갖고 싶다.

여기에서 one은 '하나'의 뜻이 아니라 앞의 차를 가리키는 말이다. 번역시에 it이나 one 같은 대명사는 앞의 명사를 받는 대명사로서의 쓰임 이외에 단어 자체가 갖는 쓰임이 다양하기 때문에 그것이 나타내는 것이 무엇인지를 전후 관계에 따라 파악하여 분명히 밝혀주는 것이 필요하다.

연 습

해답 231쪽

1. Our ideas and value systems, needless to say, are different from those of other racial groups.

 · needless to say : 말할 것도 없이, 당연히
 · racial : 민족의, 종족의

---

2. We cannot fail to see that the connection between body and mind is a very close one, and when we note how the one affects the other we must admit that health is a moral duty.

 · affect : 영향을 미치다

3. My friend's acting was not inferior to that of the main actor in the play. Celebrated actors's performances are not always more appreciable in quality than those of obscure ones. Obscure actors's performances usually do not draw attention and are not appreciated adequately because they are blurred with celebrated actors.

· celebrated : 유명한
· obscure : 무명의
· blur : 흐리게 하다, 더럽히다
· appreciable : 상당한, 훌륭한

4. As one grows older one becomes more silent. In one's youth one is ready to pour oneself out to the world; one feels an intense fellowship with other people, one wants to throw oneself in their arms and one feels that they will receive one; one wants to penetrate into them; one's life seems to flow into the lives of others and become one with theirs as the water of rivers becomes one in the sea.

· penetrate : 침투하다, 뚫고 들어가다
· intense : 강렬한

4. 관계 대명사

관계대명사는 어디까지나 대명사이므로, 그것이 나타내는 단어나 구, 또는 절을 찾아 자연스럽게 번역하는 기술이 필요하다. 고급문장으로 갈수록 선행사의 실체를 규명하는 일은 결코 쉬운 일이 아니다. 선행사와 관계대명사가 떨어져 있는 경우도 흔하다. 물론 관계대명사 앞에 콤마가 있는 경우와 없는 경우에 의미 내용을 파악하는데 차이가 있다. 그 콤마가 없는 경우는 지극히 평범하게 해석하면 된다고 생각하지만, 어떤 경우는 잠시 이해 방식에 차이가 있다.

(1) 관계대명사 앞에 콤마가 없는 문장

이 문장은 그다지 문제는 없어 평범하게 해석하면 되는데, 그래도 번역하는 데 잠시 주의가 필요한 경우도 있다. 보통은 관계대명사를 해석할 필요가 없다.

예문 1

I met a lady who had blond hair.

역 1. 나는 금발머리를 가진 여성을 만났다.
2. 나는 금발의 여성을 만났다.

사소한 차이이지만 예전에 「나는 금발머리를 가진 그런 여성을 만났다」라고 관계대명사를 「그런」이라고 해석하는 경향도 있었다. 역 1보다는 역 2와 같이 간결하게 해석하는 것이 산뜻한 번역이다. 문장 자체는 어렵지 않지만 관계대명사는 선행사를 설명하는 것이기 때문에, 2와 같이 관계대명사 다음의 내용을 선행사와 결부시켜 하나가 되도록 해석한다.

예문 2

I have a nice bag which was made in France.

역 1. 나는 프랑스에서 만들어진 멋진 가방을 갖고 있습니다.
2. (나는) 프랑스제의 멋진 가방을 갖고 있습니다.

이와 같이 선행사와 관계대명사를 하나로 잘 묶어서 해석하는 것이 좋다. 하지만 이렇게 간단한 문장들만 있는 것이 아니다. 관계대명사 앞에 전치사가 있는 경우에는 그것을 해석해야 되는 경우도 있다.

예문 3

Usually, computers are highly efficient machines by which our lives can be made easy and comfortable.

역 1. 보통, 컴퓨터는 우리의 생활이 용이하고 쾌적하게 만들어질 수 있는 매우 능률적인 기계이다.
2. 보통, 컴퓨터는 그것에 의해서 우리 생활이 용이하고 쾌적하게 만들어질 수 있는 고성능 기계이다.

물론 이 경우 "컴퓨터는 우리의 생활을 용이하고 편리하게 해 줄 수 있는 고성능 기계이다"라고 번역하는 것이 더 자연스럽지만 역 2처럼 관계대명사와 전치사를 해석해 줌으로써 의미가 분명해진다. 이처럼 관계대명사를 해석해야만 하는 경우는 다양한데(특히 관계대명사가 소유격으로 쓰였을 경우를 주의하자) 그때마다 우리말에 알맞은 번역이 되도록 주의해야 한다.

다음은 관계대명사의 이중한정을 살펴보자.

예문 4

He was the only person that I have ever met who never thought of himself first.

역 1. 그는 결코 자기 자신을 먼저 생각하지 않는, 내가 만난 유일한 사람이다.
2. 그는 내가 만난 사람으로는, 결코 자기 자신을 먼저 생각하지 않는 유일한 사람이다.

이처럼 이중한정의 경우에는 어느 것이 우리말에 더 가까운지를 염두에 두어야 할 경우가 많다. 의미의 전달이 정확히 이루어지면서도 가독성(readability)에 무리가 없도록 유의하자.

연 습

해답 232쪽

1. There is something that passes for heroism which is not heroism at all.

   · heroism : 영웅적 행위
   · pass for : ~로 통하다

2. One way of smoking was this. The American Indians threw on a fire some tobacco leaves which they had collected. Then they put in their mouths long tubes, the other ends of which were over the fire.

3. Money is a wonderful thing to have; yet it is surprising how happy some men are who have little of it. They usually have something that is worth more to them. They have work they love, good books, good health, and probably a family they enjoy.

4. On those occasions one cannot but contemplate the many things that have been done that ought not to have been done, and the many things that have not been done that ought to have been done.

· contemplate : 명상하다, 생각하다
· ought to have p.p : ~했었어야 했다.

5. As it is natural to love our home, it is also natural to love our country. As the poorest homes are sometimes most tenderly loved, so the poorest country is sometimes held in most affection. There was perhaps never a country in the world the inhabitants of which have not, at some time or other, been willing to suffer and die for it.

· affection : 애정, 사랑
· inhabitant : 국민, 주민

(2) 관계대명사 앞에 콤마가 있는 문장

관계대명사 앞에 콤마가 있는 문장에서는 관계대명사가 선행사를 새삼 다시 강하게 설명하는 역할을 갖고 있다. 이 경우 관계대명사는 대체로 '접속사 + 대명사'의 역할을 하기 때문에 알맞은 선행사를 찾아 번역해 주는 것은 물론 접속사를 찾아 번역해야 한다.

예문 1

He often gave her advice, which she neglected.

역 1. 그는 가끔 그녀에게 충고를 해 주었는데, 그녀는 그것을 무시했다.
2. 그는 가끔 그녀에게 충고를 해 주었지만, 그녀는 그것을 무시했다.

여기에서 which는 'but it'의 뜻으로 역 2처럼 번역하는 것이 좋다. 이처럼 콤마가 있는 문장은 선행사를 새삼 다시 강하게 설명하는 내용을 지닌다. 그렇게 하면 그 문장이 지니고 있는, 혹은 말하고 있는 사람이 강조하고 싶은 의미 내용이나 기분을 전달할 수 있다. 위의 예문에서는 「그녀가 그 충고를 무시했다」는 사실을 말하고 싶은 것이다.

예문 2

The man, who is poor, is honest.

역 1. 그 사람은 가난한데 정직하다.
2. 그 사람은 가난하지만 정직하다.

여기에서 who는 'though he'의 의미를 지니므로 역 2처럼 번역하는 것이 자연스럽다. 접속사로는 문맥에 따라 and, but, for, though 등이 자주 쓰인다. 또 선행사가 명사나 대명사가 아니라 구, 절, 형용사 등이 쓰일 때도 있으므로 주의해야 한다.

예문 3

They thought him shy, which he was, and dull, which he was not.

역 1. 사람들은 그가 수줍어한다고 생각했는데 그는 수줍어했으며, 또 둔하다고 생각했는데 그는 둔하지 않았다.
2. 사람들은 그가 수줍어한다고 생각했는데 실제로 그랬으며, 또 둔하다고 생각했는데 실제는 그렇지 않았다.

여기에서 which의 선행사는 각각 shy와 dull이다. 이처럼 관계대명사의 계속적 용법은 그 쓰임이 다양하기 때문에 선행사와 접속사를 찾아 자연스럽게 번역해 주어야 한다.

연 습

해답 233쪽

1. Happiness consists in the enjoyment of little pleasures scattered along the common path of life, which, in the eager search for some great and exciting joy, we are apt to overlook.

· consist in ~ : ~에 있다
· overlook : 간과하다

2. His father, to whom he was deeply attached and with whom he lived for forty-five years, was a barber in London; his mother, for whom he had no love, was a woman of violent temper who eventually went mad.

· be attached to ~ : ~에 애착을 느끼다
· temper : 기질
· eventually : 결국

3. This age, whether we like it or not, is full of difficulties and problems, the likes of which, perhaps, were never confronted by any other age. They are most terribly difficult, and the feeling one has is how little one can do towards their solutions.

· confront : 직면하다

4. "Let us now praise famous men," was the historian's motto. He forgot to add "and our fathers that gave us life." He did not care to probe the obscure lives and activities of the great mass of humanity, upon whose slow toil was built up the prosperity of the world and who were the hidden foundation of the political and constitutional structure reared by the famous men he praised. To speak of the ordinary people would have been beneath the dignity of history.

· motto : 좌우명
· obscure lives : 무명의 인사들
· foundation : 기초
· prosperity : 번영

5. 수동태

영어에서는 우리말보다 수동태 표현이 훨씬 많지만, 수동태 문장을 그대로 번역한다면 어색한 표현이 되는 경우들이 많다. 즉 수동의 문체는 그대로 수동 형태로 번역하는 경우도 많지만, 능동태처럼 번역하는 경우도 있다. 여기에서는 능동태처럼 번역하는 경우의 예를 검토해 본다. 하지만 그냥 수동태 그대로 번역하는 더 나은 경우도 있다.

예문 1

The novel is translated into Korean.

역 그 소설은 한국어로 번역되어 있다.

이 경우에는 수동태 그대로 번역해도 무리가 없다. 그러나 다음 예문의 경우를 보자.

예문 2

Don't speak until you are spoken to.

역 1. 네가 말을 걸림을 당할 때까지 말하지 마라.
2. 누가 말을 걸어올 때까지 말하지 마라.

역 1과 같이 번역하면 아무래도 이상하고 어색하다. 문체는 수동태로 되어 있는데 번역은 2와 같이 능동태로 번역한다.

예문 3

She was being led among the flower beds by a little boy.

역 1. 그녀는 어린 소년에 의해 꽃밭 사이로 인도되고 있었다.
2. 어린 소년이 그녀를 꽃밭 사이로 인도하고 있었다.

역 1은 문체대로 수동으로 번역했지만 매끄럽지 못하다. 특히 감정을 나타내는 동사는 타동사가 많으므로 역 2와 같이 능동태로 하는 것이 보통 표현이다. 물론 이 경우에 보통 'be interested in'(~에 흥미가 있다) 처럼 숙어로 익힌 표현은 별 무리가 없을 것이다. 다음은 구어체에서 흔히 사용되는 'get/become + p.p' 형을 보자.

예문 4

She got accustomed to living in the new society and got taught a lot of customs and manners.

역 그녀는 새로운 사회에서 사는데 익숙해졌으며 많은 관습과 예의범절을 배웠다.

이처럼 be 동사 대신 get, become, grow 등의 동사가 쓰여 상태보다는 동작을 강조하는 수동태도 있고 또 lie, stand, rest, remain 등이 쓰여 상태를 나타내는 수동태를 표현하기도 하므로 번역시에 주의해야 한다.

연 습

해답 234쪽

1. Care must be taken to make certain that all literature falls within the reading levels of the children.

2. By and by it rained hard. The wind blew, too. I was on my way home from my walk in the suburbs and was drenched to the skin. A great many people were caught in the rain, too, and got wet.

· drench : 흠뻑 물에 적시다
· be drenched to the skin : 흠뻑 젖다
· be caught in the rain : 비를 만나다

3. At that time he was not yet married, but got married two years later. He never spoke of his first wife and it is only from other people that I have learned what little I know about her.

4. When I mark English essays written by my Korean students, I am often astonished by the unusual, poetic style they display. Probably this is caused by direct translation of Korean idioms into English, which often produces an extremely picturesque effect. I must confess that I am often fascinated by the charm of this exotic style. Indeed, I am often impressed by the originality and invention displayed by Korean students when writing English.

· display : 나타내다
· picturesque : 아름다운, 그림과 같은
· exotic : 이국적인, 이국취미의
· originality : 독창성, 창작력

5. In the American family the husband and wife usually share important decision making. When the children are old enough, they participate as well. Foreign observers are frequently amazed by the permissiveness of American parents. The old rule that "Children should be seen and not heard" is rarely followed and children are often allowed to do what they wish without strict parental control. The father seldom expects his children to obey him without question, and children are

encouraged to be independent at an early age.

· amaze : 놀라게 하다
· permissiveness : 허용함, 묵인
· participate : 참여하다

6. 부정사

부정사는 준동사의 일종이므로 동사이면서 명사, 형용사, 부사의 역할을 한다. 동사이므로 완료형이 있고 주어, 목적어, 보어를 취할 수도 있으며 부정문이나 수동태도 만들 수 있다. 동시에 주어, 목적어, 보어도 될 수 있으며 명사를 수식할 수도 있고 부사가 되어 수식을 할 수도 있다. 독립부정사, 대부정사, 원형부정사 등의 구문도 있다. 따라서 부정사의 쓰임이 폭 넓은 만큼 번역시에도 정확한 용법을 찾아내어 오역이 없도록 해야 한다. 주의해야 할 몇 가지만 예로 들어 보겠다.

예문 1

Scientific truth is not to be gained by observations and logic alone.

역 1. 과학적 진리는 관찰과 논리 만에 의해 얻어지는 것이 아니다.
2. 과학적 진리는 관찰과 논리만으로 얻을 수 없다.

이른바 「be + to-」구문에는 예정, 의무, 가능, 당연, 운명, 의도, 단순한 보어 등의 의미를 지닌다. 예문처럼 부정사가 수동태를 취할 경우에는 가능의 뜻을 지닐 때가 많다. 그러므로 역 1보다는 역 2처럼 문맥을 고려하여 가능의 뜻을 분명히 하는 것이 좋다. 다음과 같은 경우에도 번역에 유의해야 한다.

There are many sights to see here.
(여기에는 볼 만한 것이 많다.)

There is nothing to be seen here.
(여기에는 보이는 게 하나도 없다.(can의 의미))

예문 2

He had the impudence to answer his teacher back.

역 1. 그는 선생님에게 말대꾸를 할 뻔뻔스러움을 갖고 있었다.
2. 그는 건방지게도 선생님에게 말대꾸를 했다.

「have the + 추상명사 + to~」는 「~하게도 ~하다」로 번역해야 한다.

따라서 역 2가 자연스럽다. 즉 She had the misfortune to marry an artist.는 She was so unfortunate as to marry an artist. 또는 Unfortunately she married an artist.가 된다.

예문 3

We are not too old to learn.

역 1. 우리가 너무 늙지 않아서 배울 수 없다.
2. 아무리 늙어도 배울 수 있다.

too~ to 구문은 so~ that ~ cannot 구문으로 바꿀 수 있지만 too 앞에 부정어가 오면 뒤에서부터 번역해 올라가야 한다. 따라서 역 2처럼 「배울 수 없을 정도로 그렇게 늙지 않는다는 아무리 늙어도 배울 수 있다」 (We are not so old that we cannot learn.)로 번역이 된다. 또 only too~ to~나, too apt(likely, ready) to~ 등도 주의해야 한다.

I shall be only too pleased to come.
(기꺼이 오겠습니다.)

He is too wise not to understand the situation.
(그는 매우 똑똑해서 그 사태를 알고 있다.)

He is too much inclined to give himself airs.
(그는 너무 으스대려고 해서 곤란하다.)

예문 4

I hoped to have seen the girl again.

역 1. 나는 그녀를 다시 만났었기를 바랐었다.
2. 나는 그녀를 다시 보고 싶었으나 보지 못했다.

hope, expect, wish, intend, mean, want 등의 소망을 나타내는 동사 뒤에 완료부정사가 올 경우 단순히 과거를 나타내는 것이 아니라 과거에 이루지 못한 상황을 나타낸다. 따라서 역 2처럼 번역하는 것이 좋다. 또한 미래를 나타내는 동사 뒤에 완료 부정사가 올 경우도 같은 의미를 나타낸다.

He wished to have worked hard.
(그는 열심히 일하기를 원했으나 그러지를 못했다.)

예문 5

She worked hard only to fail.

역 1. 그는 단지 실패하기 위해 열심히 일했다.
2. 그는 열심히 일했으나 실패했다.

부정사가 부사적으로 쓰일 경우에 목적, 원인, 이유, 판단의 근거, 조건, 결과 등을 나타내기 때문에 번역시에 주의해야 한다. 특히 결과를 나타내는 경우에는 뜻에 변화가 따르므로 주목해야 한다.

예문 6

All of us think that he should get a good job, but nobody can force him to if he's not ready to.

역 1. 우리 모두는 그가 좋은 직장을 가져야 한다고 생각하지만 그가 원하지 않으면 아무도 그를 강요할 수 없다.
2. 우리 모두는 그가 좋은 직장을 가져야 한다고 생각하지만 그가 그러기를 원하지 않으면 아무도 그가 직장을 갖도록 강요할 수 없다.

원칙적으로 대부정사가 나오면 그것이 대신하고 있는 원래의 동사를 찾아 번역해 주는 것이 좋다. 예문의 경우에는 간단한 문장이기에 역 1도 가능한 것처럼 보이지만 역 2가 훨씬 더 낫다.

연 습

해답 235쪽

1. It is not the facts of life alone that concern the novelist, it is the feel of life. Whatever his style, his setting, or his subject, his task as a writer is to pursue the mysteries of life to their very source. At least, to try to.

· concern : 관심을 끌다
· source : 근원

2. She at last got up and began walking aimlessly about the room. She paused in front of a little old mirror that hung near the window and looked at her reflection in the glass. She had expected to look different, to have changed.

· reflection : 반사(물)
· aimlessly : 목적없이

3. One great secret of the success that has been given me is, undoubtedly, the lifelong habit I have had of giving close attention to small details. Nothing has been too small to receive my attention. Things that most young people seem to think have never been too small for me.

· lifelong : 평생의
· details : 상세한 것

4. The Bible is it itself, a singularly complete expression of the whole life of a race in one volume — its faith and history blending in one body of poetry, thought, and imaginative chronicle. A book, which contains such power that it can make itself the language of life through so many centuries and in such various peoples is to be regarded as one of the greatest instruments of race-expression than man possesses.

- it itself : 그 자체로서는
- blend : 섞다
- chronicle : 연대기, 역사
- singularly : 유일하게, 이상하게

5. Very, very early in my boyhood I had fallen into the habit of going about alone to enjoy myself in my own way, and it was only after years, when my age was about twelve, that my mother told me how anxious this singular habit in me used to make her. She would miss me when looking out to see what the children were doing, and I would be called and searched for, to be found hidden away somewhere in the plantation. Then she began to keep an eye on me, and when I was found stealing off she would secretly follow 1and watch me.

- singular : 별난
- plantation : 농장
- keep an eye on : 주시하다

7. 동명사

동명사도 준동사의 하나이므로 그 쓰임은 부정사와 대동소이하다. 다만 동사에 따라 목적어로서 동명사를 취할 때와 부정사를 취할 때에 의미가 달라지는 경우가 있으므로 주의해야 한다. 그리고 동명사의 의미상 주어는 주격과 목적격이 같이 사용되므로 주어를 찾는 일을 소홀히 해서도 안 될 것이다. 또한 분사와 형태가 동일하기 때문에 오는 혼란에 빠지지 않도록 해야 한다.

예문 1

I never heard of such a thing having been done.

역 1. 나는 이루어졌던 그런 일에 대해 들어본 적이 없었다.
2. 나는 그런 일이 이루어졌다고는 들어보지 못했다.

여기서 having been done은 분사가 아니라 동명사이며 완료 수동형이다. 그 앞의 such a thing은 동명사의 의미상 주어로 보면 된다. 이는 I never heard that such a thing had been done과 같은 뜻이기 때문이다. 완료동명사이기 때문에 주절의 동사보다는 앞선 과거를 나타낸다.

예문 2

He went on pointing out their mistakes.

역 1. 그는 쉬었다가 계속해서 그들의 실수를 지적했다.
2. 그는 (쉬지 않고) 계속해서 그들의 실수를 지적했다.

go on to 부정사는 「쉬었다가 계속해서 ~하다」의 뜻이고, go on ~ing는 「쉬지 않고 계속해서 ~하다」의 뜻이다. 다음의 예를 보자.

I forgot posting the letter.(나는 편지 부친 것을 잊어버렸다: 과거)

I forgot to post the letter.(나는 편지 부칠 것을 잊어버렸다: 미래)

I hate lying.(나는 거짓말을 싫어한다: 일반적)

I hate to lie.(나는 지금 거짓말하고 싶지 않다: 일시적)

She tried eating less.(그녀는 시험 삼아 적게 먹으려 했다.)

She tried to eat less.(그녀는 적게 먹으려고 노력했다.)

He is sure of succeeding.(그는 성공을 확신하고 있다.)
= He is sure that he will succeed.

He is sure to succeed.(그는 틀림없이 성공한다.)
= I'm sure that he will succeed.

예문 3

There is no hope of the war coming to an end.

역 1. 끝나가는 그 전쟁에 대해 희망은 없다.
2. 그 전쟁이 끝날 희망은 없다.

동명사의 의미상 주어는 보통 그 앞에 소유격을 쓰지만 무생물 명사, 부정대명사, 여러 개의 단어가 쓰인 경우에는 목적격을 쓰며, 또 구어체에서도 인칭대명사나 명사, 사람의 이름 등이 주어일 경우 목적격을 쓰기도 한다. 따라서 예문에서 coming은 분사가 아니라 동명사이며 그것의 의미상의 주어는 war이다.

예문 4

No one can help influencing others, however little he may wish to do so or is conscious of what he is doing.

역 사람은 아무리 남에게 영향을 주고 싶지 않고, 혹은 자기가 지금 영향을 주고 있다는 것을 의식하지 않아도, 타인에게 영향을 주지 않을 수가 없다.

동명사에는 관용적인 표현이 많다. 예문에서 「can't help ~ing」는 「can't (choose) but to 부정사」와 같이 「~하지 않을 수 없다」의 뜻이다. 동명사가 포함된 관용어로 중요한 것은 다음과 같은 것들이 있다. 이 표현들은 외워두면 매우 유용할 것이다.

There is no accounting for tastes.(취향을 설명할 수는 없다)

It is no use crying over spilt milk.
(쏟아진 우유를 놓고 울어봤자 소용없다.)

This is the tree of my own painting.(이건 내가 그린 그림이다.)

On hearing this I changed my plans.
(이 말을 듣자마자 나는 계획을 바꿨다.)

It goes without saying that he will help us.
(말할 것도 없이 그는 우리를 도울 것이다.)

The garden needs weeding.(정원에서는 풀을 뽑아야 한다.)

The book is worth reading intensively.
(그 책은 철저하게 읽을만한 가치가 있다.)

이 외에도 be on the point of ~ing(막 ~하려는 참이다), make a point of ~ing(~하려는 참이다), feel like ~ing(~하고 싶다), come near ~ing(하마터면 ~할 뻔하다), far from ~ing(결코 ~이 아니다), what do you say to ~ing?(~하자) 등이 잘 쓰이는 표현이다.

연 습

해답 236쪽

1. On my taking off the thick brown paper which enveloped it, behold! There was a paint-box, with a great many cakes of paint, and brushes of various sizes.

   · on my taking off = as soon as I took off : ~하자마자
   · behold : 보다

2. I've not been happy. What is happiness? Moments! Just moments! All I've really liked about my own life has been going to sleep in the sun, afternoons in the summer.

3. It is no good talking about the greatness of our fatherland, pretending to be proud of it, unless we who live in the country do something to make it great and of which we and those who come after us have a right to be proud.

   · pretend : ~인체하다

4. In spite of the present scientific age being some three hundred years old, people are far from realizing what it means, and are preserving habits of thought which would have been much more appropriate three thousand years ago. It is becoming increasingly obvious that this will lead to man's self-destruction unless something drastic happens. Religious leaders stress the need of a religious revival, and only a change of heart will save civilization from destruction.

· drastic : 철저한
· in spite of : ~에도 불구하고
· appropriate : 어울리는, 적절한
· revival : 부흥

8. 분 사

준동사 중에서 가장 번역하기 애매한 것이 분사와 분사구문일 것이다. 동사로서의 기능을 하면서 현재분사는 동명사나 진행형과 형태가 같고, 과거분사는 동사의 과거형과 형태가 같으면서도 형용사 역할을 한다. 또 분사구문의 경우 부사적 의미를 모두 갖고 있으며 때로는 현재분사나 과거분사가 전혀 없는데도 분사구문으로 번역해야 하기 때문에 그것의 쓰임을 정확히 판단하여 번역을 해야만 하는 어려움이 있다.

예문 1

Why? But it's maddening! Irritating to the last degree! I've told you why!

역 1. 왜냐고요? 그건 미친 짓이에요. 마지막 정도까지 신경질이라니! 이유는 말했잖아요?
2. 왜냐고요? 정말 미쳐버리겠어요. 정말 짜증나요. 이유는 말씀드렸잖아요!

여기서 현재분사인 maddening과 irritating은 각각 「미치게 하는(정말 분통 터지는), 짜증나는(비위에 거슬리는)」의 뜻이다. 과거분사와 비교해 보자.

a maddened man (분통 터지는 일 등으로) 머리가 돈 사람, 광인
a maddening man 머리가 돌게 하는 사람, 짜증나게 만드는 사람

a pleased girl (기쁘게 해주다) 기뻐하는 소녀

a pleasing girl (남을 기쁘게 하다) 느낌이 좋은 소녀

a terrified look (공포를 품은) 무서워하는 얼굴

a terrifying look (공포를 품게 하는) 무서운 얼굴

an annoyed woman 짜증난 여성

an annoying woman (남을 짜증나게 하는) 시끄러운 여자

이런 예는 무수히 많으며 동사가 자동사인가 타동사인가에 따라 현재분사와 과거분사가 갖는 의미의 차이가 크기 때문에 번역시에는 주의해야만 한다.

예문 2

Born of the same parents, they bear no resemblance to each other.

역 1. 같은 부모에게서 태어난 그들은 서로 닮은 데가 없다.
2. 같은 부모에게서 태어났지만 그들은 서로 닮은 데가 없다.

여기서 born은 그 앞에 being이 생략된 분사구문으로 Though they were born of the same parents~의 뜻이다. 이처럼 분사구문은 전후 문맥에 따라 상황에 알맞게 접속사의 의미를 찾아 번역해야 한다.

예문 3

Tea over, they all trooped out into the garden.

역 1. 도처에 차를 남긴 그들은 모두 줄지어 정원으로 나갔다
2. 차를 마시고 난 후 그들은 모두 줄지어 정원으로 나갔다.

여기서 tea over는 After tea was over~의 뜻으로 분사구문의 의미상 주어가 주절의 주어와 다르기 때문에 tea를 쓴 것이다. 물론 Tea being over로 쓰는 경우에는 분사구문으로 파악하기가 쉬운데 being을 생략하고 쓰기 때문에 분사구문인지조차 쉽게 분간이 안 갈 때가 많다.

예문 4

A man of social instincts, he had many acquaintances.

역 1. 사교적 본능의 사람인 그는 많은 친지들을 갖고 있었다.
2. 사교성이 풍부한 사람이었으므로 그는 아는 사람이 많았다.

분사구문에서 being이나 having been이 생략되고 명사나 형용사로 시작되는 형태 또한 많다. 역 1처럼 번역하는 것보다는 접속사의 기능을 찾아내어 역 2처럼 번역하도록 한다. 형용사로 시작되는 예를 살펴보자.

Unable to write it in English, he sent it to me.
(영어로 쓸 수 없어서 그는 그것을 나에게 보냈다.)

예문 5

He stood against the wall, pipe in mouth.

역 1. 그는 벽에 기대서 입에 파이프를 물었다.
2. 그는 파이프를 물고 벽에 기대어 서 있었다.

독립분사구문일 때는 별문제가 없겠지만 부대상황을 나타내는 구문은 특히 주의할 필요가 있다. 보통은 with가 있으나 생략될 때가 많다. 「with +명사 + 과거분사 또는 현재분사」가 보통이지만 예문처럼 with가 생략되고 「명사 + 부사구」로만 이루어진 구문도 흔히 쓰인다. 그 앞에 콤마가 사용되지 않을 때도 많으므로 주의해야 한다. 예문은 with a pipe in his mouth의 의미이다.

He came in hat in hand.(with his hat in his hand)
(그는 손에 모자를 들고 들어왔다)

예문 6

That's the kind of rubbish errand boys read, always assuming they can read.

역 1. 그런 책은, 언제나 자신은 글씨를 읽을 수 있다는 척을 하는 심부름하는 시시한 소년 점원들이 읽는 거야.
2. 그런 책은 심부름하는 소년 점원들이 읽는 잡동사니야, 물론 소년 점원들이 책을 읽을 수 있다는 전제로 하는 이야기지만.

분명 사전에서 assume 항목을 보면 「생각하다, 그런 체 하다」 등의 뜻이 주어져 있지만, 정확한 의미를 모르는 채 적당히 사전적 의미를 적용시켜서 처리되기 쉬운 단어 중 하나다. assume은 기본적으로는 「전제로 하여 (머리에서) …라고 생각하다, 당연히 …라고 생각하다, …라고 가정하다, …를 전제로 하다」 등의 뜻을 나타내고, assuming은 관용적인 독립분사구문으로 「…라고 가정하고, …인 것으로 하고」 (=providing)라는 「(전제) 조건」을 나타내는 경우가 있다. 따라서 역 1은 오역이다. provided, providing 등의 단어도 독립분사구문으로 자주 쓰이는 접속사이다.

연습

해답 237쪽

1. Fanny, wearing her blue shades, had noticed nothing and chattered amiably. The porter pushed with the bags. He was still shaken though he had for the most part recovered his calm when they entered the courtyard of the Hotel Contessa.

· amiably : 상냥하게
· chatter : 재잘거리다

2. The more original that discovery is, the more credit we shall give the artist, always assuming that he has technical skill sufficient to make his communication clear and effective.

· sufficient : 충분한
· effective : 효과적인

3. Less than fifty years after his death, the door of nature was unlocked and we were offered the dreadful burden of choice. We have usurped many of the powers we once ascribed to God. Fearful and unprepared, we have assumed the lordship over the life and death of the whole world of all living things. The danger and the glory and the choice rest finally in man. The test of his perfectibility is at hand.

· usurp : 빼앗다, 강탈하다
· assume : (책임을) 지다, (권력을) 잡다
· lordship over ~ : ~에 대한 지배권
· rest in = rest on = depend on : ~에 달려있다

4. Oxford today is a paradox, succeeding in being two very different places at once; it is on the one hand a prosperous industrial town, with its economy especially concerned with the manufacture of motor vehicles and its vision fixed on the future; and at the same time it is one of the two leading university cities of the British Commonwealth, with its roots firmly fixed in the past.

· paradox : 역설, 모순
· prosperous : 번영하는
· manufacture : 제조

5. Some forms of religious belief is virtually universal. It has been suggested that these beliefs are based on observed differences between living and dead human beings, the assumption being that the absence of breathing and lowering of the body temperature result from the desertion of the body by a spirit. This seemingly logical assumption combined with, among other things, dreams and ignorance of the forces of the physical world, is thought to be the basis of all religion.

· desertion : 유기

· assumption : 추정, 가정
· virtually : 사실상
· ignorance : 무지
· seemingly : 겉보기에

9. 비교 구문

비교 구문에는 원급, 비교급, 최상급을 사용하는 3가지가 있지만 실제로 그 쓰임은 관용적인 표현을 포함해서 매우 복잡하고 다양하기 때문에 번역시에 특히 주의를 해야 한다. 보통의 원급이나 비교급, 또는 최상급 문장을 번역하는 일 자체도 어려운 일은 아니지만, 비교하는 것과 비교 당하는 것을 확실히 구별할 수 있도록 말의 표현법이나 말투를 주의해야만 한다.

(1) 원 급

원급을 사용한 비교 구문은 관용적인 표현이 많아서 간단하지 않다.

단순한 문장에서도 번역의 요령이 필요하다. 복잡한 문장에서는 비교의 대상을 분명히 찾아서 번역해야 하며 특히 뒤의 as는 부사, 접속사, 관계대명사 등으로 쓰이기 때문에 역할에 주의해서 번역할 필요가 있다.

예문 1

I love you as much as her.

역 1. 나는 그녀를 사랑하는 것만큼 너를 사랑하고 있다.
2. 나는 그녀 못지않게 너를 사랑하고 있다.

물론 역 1이 틀린 것은 아니지만 역 2처럼 번역하는 것이 바람직하다. 될수록 짧으면서 내용을 충실히 전하는 것이 바람직한 번역이기 때문이다.

예문 2

He is as honest a man as I've ever met.

역 1. 그는 내가 만난 사람들 중에서 아직까지 보지 못할 만큼 정직한 사람이다.
2. 그는 내가 만난 사람 중에서 가장 정직한 사람이다.

물론 이 때 뒤에 나온 as는 관계대명사로 쓰인 것이며 as~ as~ ever는 '아직까지 보지 못할 만큼 ~ 한'의 뜻이지만 적절한 우리말 표현을 찾아 간단하게 번역하는 것이 좋다.

예문 3

No other person can run as fast as you can.

역 1. 어떤 다른 사람도 당신이 달릴 수 있는 만큼 빨리 달릴 수 없다.
2. 당신보다 빨리 달릴 수 있는 사람은 아무도 없다. (당신이 달리는 것이 가장 빠르다.)

원급을 사용한 비교문으로도 최상급의 뜻을 나타낼 수 있으므로 번역시에 참고하는 것이 좋다. 문장이 no, nothing, nobody, none 등 부정어로 시작되는 것은 강조의 문장이므로 그 뜻을 살려주는 번역이 바람직하다.

연 습

해답 230쪽

1. When it is a question of doing something which I regard as a duty, I am as ready as any one else to put up with discomfort.

 · put up with : 참다
 · discomfort : 불편

---

2. It is certain that no bread eaten by man is so sweet as that earned by his own labour.

 · labour : 노동

3. After that, his face was washed, and he was dressed in a nice suit of clothes; and then he was as handsome a young man as ever walked along the streets of London.

4. It is as absurd to be angry with the young boys who lead a gay life as with a litter of puppies running aimlessly around, rolling one another over and chasing their tails. It is well to bear it with fortitude if they cause destruction in the flower beds or break a piece of china. Some of them will be drowned because their points are not up to the mark, and the rest will grow up into well-behaved dogs. Their wild behavior is due only to the vitality of youth.

· a litter of puppies : 한 배의 강아지들
· aimlessly : 부질없이
· fortitude : 꿋꿋함
· absurd : 어리석은, 모순된

(2) 비교급

비교급을 사용한 비교 문장의 번역에서도 말투나 표현을 주의해야만 한다. 특히 부정을 나타내는 단어와 결합되어 쓰이는 관용 표현과 지시 대명사 that, those 등이 쓰인 표현에 유의해야 한다.

예문 1

Korea's population is larger than that of Canada.

역 1. 한국의 인구는 캐나다의 그것보다도 크다.
2. 한국의 인구는 캐나다보다 많다.

이 예문은 역 1과 같이 문자대로 직역하는 것보다 역 2에서처럼 간략하게 번역하는 것이 좋다. 우리말의 경우 역 2의 경우가 가독성이 좋기 때문이다. 그리고 larger를 문자 그대로 「보다 크다」라고 번역하는 것보다 인구를 말하는 것이므로 「보다 많다」라고 번역하는 것이 더 낫다.

예문 2

He was less hurt than surprised.

역 1. 그는 놀란 것보다는 덜 불쾌감을 느꼈다.
2. 그는 불쾌감을 느끼기보다는 오히려 놀랐다.

역 1로도 의미는 알 수 있지만 산뜻하지 못하고 의미가 잘 통하지 않는다. 역 2와 같이 우리말답게 표현에 주의하며 간단명료하게 번역하여야 한다. 많은 관용 표현 중의 하나만 예로 들어 본다.

예문 3

It is not less absurd than wicked to treat manual labor with contempt.

역 1. 육체노동을 멸시하여 다루는 것은 그릇된 일이라기보다 못하지 않게 어리석은 일이다.

2. 육체노동을 멸시하는 것은 그릇된 일이기도 하고 어리석기 짝이 없는 일이다.

not less ~ than이 '보다 더 나으면 낫지 못하지는 않게'의 뜻이지만 역 2처럼 풀어서 번역하는 것이 자연스럽다. 기타 흔히 접하게 되는 관용 표현인 no less ~ than, no more ~ than, not more ~ than, no more than, no less than 등의 번역에 유의하도록 한다. 또 특수한 비교표현인 superior to(~보다 더 우월한), prefer ~ to(~보다 더 좋은), would rather ~ than(~하느니 ~하겠다) 등의 번역에도 유의하자.

연 습

해답 239쪽

1. Melancholy is caused less by the failure to achieve great ambitions or desires than by the inability to perform small necessary acts.

· melancholy : 우울(증)
· less A than B = rather B than A : A라기 보다는 오히려 B

2. A house without love may be a castle or a palace, but it is not a home; love is the life of a true home. A home without love is no more a home than a body without a soul is a man.

· A is no more B than C is D : A가 B가 아닌 것은 C가 D가 아닌 것과 같다

3. You will have remarked in your reading of modern history that the more intelligent and educated, that is to say, the less ignorant a nation is the more likely is its policy in foreign matters to be marked by justice or something resembling it.

· remark : 감지하다, 인지하다
· resemble : 흡사하다, 닮다
· ignorant : 무지한

(3) 최상급

최상급의 문장을 번역하는 것 자체는 어렵지 않지만, 최상급은 강조의 의미를 띠지 않으면 안되므로 그 표현에 주의할 필요가 있다. 또한 원급이나 비교급에서도 최상급의 의미를 갖고 있는 경우도 있고, even의 뜻을 내포하는 경우, 형식은 최상급이지만 최상급으로 번역되지 않는 경우 등 표현이 다양하므로 번역시에 유의해야만 한다.

예문 1

I have never seen a taller man than he.

역 1. 나는 그보다 더 키가 큰 사람을 본 적이 없다.
2. 그는 내가 본 사람 중에서 가장 키가 크다.

이 예문은 비교급 문장인데 의미는 최상급이므로 역 1은 번역으로는 불충분하다. 역 2와 같이 최상급의 강조적인 의미를 내도록 번역하는 것이 좋다. 왜냐하면 이 문장은 He is the tallest man I have ever seen과 같기 때문이다. 물론 원급을 사용해서 I have never seen such a tall man as he로 표현할 수도 있다 이 경우도 최상급을 강조하여 해석하는 것이 좋다.

예문 2

Nothing is more precious than health.

역 1. 무엇도 건강보다 귀중한 것은 없다.
2. 건강만큼 귀중한 것은 아무 것도 없다.

이것은 Nothing이 주어로 되어 있는 부정형 최상급 문장이다. 역 1은 의미는 알 수 있지만 좀더 자연스러운 문장으로 하는 게 좋겠다. 더구나 이 문장은 강조문이기도 하므로 역 2와 같이 「건강만큼」으로 하면 강조의 의미가 부각된다. 물론 이 문장은 Health is the most precious thing.의 의미이므로 「건강이 가장 중요하다」라고 번역하는 것도 괜찮을 것이다. Nothing is as(so) precious as health.의 경우도 이에 해당된다.

예문 3

He is the last man to desert a friend in need.

역 1. 그는 곤궁에 빠진 친구를 버릴 마지막 사람이다.
2. 그는 절대로 곤궁에 빠진 친구를 버릴 사람이 아니다.

최상급은 항상 긍정문이라고 할 수 없으므로 역 2처럼 번역하는 것이 좋다. 즉 이 문장은 He is the least likely man to desert a friend in need. 의 의미이기 때문이다.

예문 4

The wisest man may sometimes make a mistake.

역 1. 가장 현명한 사람도 때때로 실수를 한다.
2. 아무리 현명한 사람이라 해도 때때로 실수를 한다.

이 문장은 Even the wisest man may sometimes make a mistake의 뜻이므로 역 2처럼 번역하는 것이 바람직하다.

연 습

해답 239쪽

1. He was naturally greedy; nobody loved money better than he, or more respected those that had it.

   · greedy : 욕심 많은, 탐욕스런

2. The very last thing of which man can make his boast is his knowledge, except only that infinitely small portion of it which he has discovered for himself. For there is nothing to be more proud of in receiving a piece of knowledge from another person than in receiving a piece of money.

   · boast : 자랑하다
   · infinitely : 매우

3. The dog is convinced he has but one task in life: to protect his master from unknown intruders. So at the slightest sign of such an intruder — even of an imaginary intruder — he will bark for all he is worth. His ears — and his imagination — are particularly alert at night; and some dogs, especially the smaller ones, are so zealous in this respect that they will hardly allow their master a good night's sleep.

· intruder : 침입자
· for all he is worth : 전력을 다하여
· alert : 빈틈없는, 경계태세에 있는

10. 가정법

가정법 문장을 현실과 반대되는 상황을 상상해서 표현하는 문장임을 염두에 두자. 다만 어떤 경우에는 if는 없지만 가정의 의미가 내포되어

있는 다양한 문장이 있으므로, 그러한 문장은 숨어있는 조건의 의미를 이해하며 번역할 필요가 있다.

예문 1

An honest man would not do such a thing.

역 1. 정직한 사람은 그런 일을 안 할 것이다.
2. 정직한 사람이라면 그런 짓을 하지 않을 것이다.

이 예문의 번역 포인트는 would이다. would는 「만약 ~라면」이라는 가정의 의미가 있는 말이고, 또 의지의 의미도 있으므로 역 2와 같이 「정직한 사람이라면」으로 번역하면 그 의미내용이 제대로 전달된다. 역 1은 직역으로서 이것으로는 문장 전체의 의미가 잘 전달되지 않는다. 이 문장은 If he were an honest man, he would not do such a thing의 의미인 것이다.

예문 2

It would be foolish to lend him money.

역 1. 그에게 돈을 빌려 준다는 것은 어리석은 일일 것이다.
2. 그에게 돈을 빌려준다면 어리석은 일일 것이다.

이 문장도 If you lent him money, it would be foolish의 의미이기 때문에 if 절의 요소, 즉 조건의 의미를 찾아 번역해 주는 것이 좋다.

예문 3

One more step, and I will shoot you.

역 1. 한 발만 더 움직여라, 그러면 난 너를 쏘겠다.
2. 한 발만 더 움직인다면 너를 쏠 테다.

역시 이 문장도 If you should take one more step, I will shoot you의 뜻이므로 역 2처럼 번역하는 것이 자연스럽다. 이처럼 가정법 구문에는 if가 없는 변형된 표현이 많이 있으므로 숨어 있는 조건의 요소를 찾아내어 적절히 번역해 주어야 한다.

연 습

해답 240쪽

1. It is not always wrong to be angry. There are occasions when it would be wrong not to be angry.

   · occasion : 경우, 때

---

2. You said you should immediately have said that something was wrong, but did I not know for certain, I should not say so.

   · immediately : 즉시

---

3. My only wish was the buying of three new copies of Webster's Dictionary. One new copy would have been adequate, but for a long time it had been my ambition to have three dictionaries at the same time.

· adequate : 적절한

4. I liked school, for the teachers were invariably good at their work. One teacher, Miss Anna, had a cheerful, devoted class who only needed her presence to become inspired. She taught us English, and but for her we might never have realized what the subject meant beyond the monotonous work of paraphrasing. She opened our eyes; we felt we were a sort of aristocracy, for what we did for her we did freely. She must have been a remarkable woman.

· paraphrasing : 바꾸어 쓰기, 바꾸어 말하기
· aristocracy : 귀족, 상류 계급
· invariably : 한결같이
· monotonous : 단조로운

5. The last tramp of footsteps, the last rumbling of the wagon-wheels dies away in the distance. No renewal of firing from the position occupied by the enemy disturbed the silence that followed. The Germans knew that the French were in retreat. A few minutes more and they would take possession of the abandoned village: the noise and excitement of their approach would become audible at the cottage. In the meantime the stillness was terrible. Even the wounded soldiers who were left in the kitchen waited their fate in silence.

· tramp : 짓밟음
· rumbling : 울리는 소리
· renewal : 재개시
· retreat : 퇴각
· audible : 들리는

11. 부정 구문

부정 구문에서는 부정의 의미가 어디까지 미치는가, 즉 전체 부정인가 부분 부정인가를 구분해야 한다. 또한 전후의 문장으로부터 부정의 의미가 걸쳐오는 경우인지 이중 부정, 강조하는 부정 구문, 준 부정, not, no, never 등 부정어가 없는 부정 구문 등 다양한 부정 내용에 주의하면서 번역하여야 한다.

(1) 관용적인 부정 구문

영어의 부정은 우리말과 반대로 번역되기 때문에 특히 번역에 주의해야 한다. 여기에서는 부분 부정, 이중 부정, 준 부정 등과 관용어구의 번역 방법에 대해 살펴본다.

예문 1

You are not entirely free from blame.

역 1. 너는 비난을 전적으로 면할 수 없다.
2. 너는 비난을 전적으로 면할 수는 없다.

여기서 not ~ entirely는 "아주 ~인 것은 아니다"의 뜻으로 부분 부정이다. 따라서 자칫 역 1처럼 완전 부정으로 해석하면 안 된다. 부정어와 함께 all, both, always, every, quite, fully, altogether, necessarily 등이 오는 경우도 같은 경우이므로 주의해야 한다.

예문 2

I seldom went to the park but I met the old man.

역 1. 내가 그 노인을 만나지 않고서는 좀처럼 공원에 가지 않는다.
2. 내가 공원에 가면 거의 그 노인을 만난다.

이처럼 부정과 부정이 결합하면 이중 부정으로 긍정의 의미가 된다. 부정어(scarcely, hardly, seldom, little, 또는 부정을 나타내는 관용구 등 포함)에 without, but 등이 함께 쓰일 경우 이중부정이 되어 긍정의 의미로 번역해야 어울리는 것들이 많다.

예문 3

We cannot statc thc value of health too much.

역 1. 우리는 건강의 가치를 너무 지나치게 말 할 수 없다.
2. 건강의 가치는 아무리 말해도 지나치지 않다.

이런 관용적 표현에는 cannot ~ too, impossible ~ too, cannot ~ over ~ 동사, by no means, not ~ on any account 등 매우 다양하다. 물론 too 대신 enough, to excess, sufficiently 등을 쓰는 경우도 있다.

연 습

해답 241쪽

1. It is impossible to overestimate the importance of training the young to virtuous habits. In them they are easiest formed, and when formed, they last for life.

   · overestimate : 과대평가하다

2. When a man differs little from other men, and a woman differs little from other women, there is no particular reason to regret not having married someone else.

   · differ : 다르다

3. Many envy the rich and powerful. They are supposed to be fortunate, because they can buy what they wish, and do what they want to do. But to be rich is not necessarily to be happy.

4. No man is so foolish but he may give another good counsel sometimes; and no man is so wise but he may easily err, if he will take no other's counsel but his own. But very few men are wise by their own counsel, or learned by their own teaching. For he that was only taught by himself has a fool as his master.

---

(2) 부정어 없는 부정문

not, no, never, little 등 부정어 없이도 부정의 뜻을 내포하는 문장들이 있다. 대체로 anything but (= never), far from, fail to, the last, above, beyond, free from, 수사의문문 등이 잘 쓰이므로 번역시에 주의하도록 한다.

예문 1

He is anything but a genius.

역 1. 그는 천재 이외의 어떤 것이다.
2. 그는 결코 천재가 아니다.

anything but 은 '결코 ~이 아니다'의 뜻으로 부정을 강조한다. 따라서 역 2처럼 번역해야 의미가 자연스럽다. 반면에 nothing but은 단지 (only)의 뜻이다.

예문 2

Who knows what will happen tomorrow?

역 1. 내일 무슨 일이 일어날지를 누가 알까?
2. 내일 무슨 일이 일어날지는 아무도 모른다.

이 문장은 수사의문문의 예이다. Who knows ~는 Nobody knows ~, God knows ~와 같은 의미가 된다. 따라서 특별한 경우를 제외하고는 역 2처럼 번역하는 것이 상례이다.

예문 3

She failed to follow my advice.

역 1. 그녀는 내 충고를 따르는데 실패했다.
2. 그녀는 나의 충고를 따르지 않았다.

fail to 는 '~하지 않다'의 뜻이며 not(never) fail to 는 반대로 '꼭 ~하다'의 뜻이 된다. 기타 관용적으로 쓰이는 표현들에 주의하도록 한다.

연 습

해답 242쪽

1. So far is it from being true that men are naturally equal, that no two people can be half an hour together but one will gain an evident superiority over the other.

   · superiority : 우월성

2. I am aware that many Korean students give up much of their university time to political organizations. This is nothing new to me, and I am not in the least inclined to dictate political views to old and young.

   · not in the least = not at all
   · political : 정치적인

3. Some are born under lucky stars; others are not. But the former are not always on the highroads to success, not the latter doomed to failure. Success flies away from him who fails to take the chance when offered; it is very often on the side of him who knows how to make the best of his disadvantage.

· be born under lucky stars : 행운아로 태어나다
· be doomed to : ~할 운명에 놓이다
· disadvantage : 불리한 점

4. Now, to be properly enjoyed, a walking tour should be gone upon alone. If you go in a company, or even in pairs, it is no longer a walking tour in anything but name; it is something else and more in the nature of a picnic.

· company : 친구, 교제

12. 강조문

강조문의 대표적인 문장은 'It is ~that' 형태를 취하는데, that 이하부터 번역하는 것이 바람직하다. 하지만 본래의 강조적인 의미가 잘 전달되도록 번역할 필요가 있다.

(1) It is ~that의 구문

예문 1

It is only the poor that really feel for the poor.

역 1. 가난한 자들을 진실로 동정하는 사람은 가난한 사람들뿐이다.
2. 바로 가난한 사람들만이 진실로 가난한 사람들을 동정한다.

역 1은 그냥 문자 그대로 that 이하부터 번역한 것으로 의미는 알 수 있지만 그저 단순히 설명과 같은 번역으로 되었다. 또한 어딘지 모르게 확실하지 않은 문장으로 되어 있다. 역 2는 가난한 사람들을 주어로 하고, 주어를 다소 강조하는 경향이 있는 번역으로, 문장이 가지는 의미 내용이 잘 전달되어 문장도 확실하다. 물론 역 1을 "가난한 자들을 진실로 동정하는 사람은 바로 가난한 사람뿐이다"라고 강조하는 의미의 「바로」를 넣을 수도 있겠다.

예문 2

It was she who told me the story.

역 1. 그 이야기를 나에게 해 준 사람은 그녀였다.
2. 바로 그녀가 나에게 그 이야기를 해 주었다.

'It is ~that' 강조구문의 경우 that 대신에 who, which, whom 등이

사용되기도 한다. 번역문의 성격, 또는 강조하는 내용에 따라 꼭 역 1과 같이 번역해야 할 경우에는 강조의 뜻을 넣어주는 것이 좋다.

예문 3

It was not until yesterday that I realized the value of the documents.

역 1. 내가 그 서류의 가치를 깨달은 것은 어제까지는 아니었다.
2. 어제가 되어서야 비로소 나는 그 서류의 가치를 깨달았다.

이 문장의 번역을 보면 역 1과 역 2의 구분이 확연해진다. 그래서 보통 'It is not until ~ that' 구문은 '~하고 나서야 비로소 ~하다'의 뜻이 되는 것이다. 물론 not until~이 이끄는 구가 강조되어 문장 앞에 쓰일 때도 번역은 마찬가지다.

연 습

해답 243쪽

1. It is in our young days that we form habits which will fix our character as men and women, and which have much to do with our happiness and our success in life.

2. It is generally the idle who complain they cannot find time to do that which they fancy they wish. In truth, people can generally make time for what they choose to do: it is not really the time but the will is wanting.

· fancy : 상상하다
· will : 의지

3. It was not until the shadow of the forest had crept far across the lake and the darkening waters were still that we rose reluctantly to put dishes in the basket and start on our homeward journey. The reddish fires of the sunset were dying down behind us, the mist stealing, ghostlike, into the valleys below: in the sky appeared a silvery moon, which presently turned to gold.

· reluctantly : 마지못해서
· ghostlike : 유령 같은
· journey : 여정

(2) 도치문

도치문이란 통상적인 어순의 문장이 아니라 의미를 강조하기 위해 어순이 바뀌는 문장을 말한다. 부사구, 목적어, 보어, 동사, 부정어 등을 비롯해서 주부와 술부가 바뀐다든가 강조하는 유형도 다양하므로 그때마다 강조하는 내용을 번역에 반영하여야 한다.

예문 1

Bitterly did we repent our decision.

역 1. 우리는 우리의 결정을 비통하게 후회했다.
2. 정말 비통하게 우리는 결정을 후회했다.

예문은 강조의 도치문이다. 역 1과 같이 번역하면 강조의 의미가 전혀 전달되지 못한다. 따라서 역 2가 더 바람직하다.

예문 2

Such a man I have never seen before.

역 1. 나는 그런 사람을 전에 본 적이 없다.
2. 그런 사람을 결코 전에 본 적이 없다.

이 문장은 목적어를 강조하기 위하여 도치시킨 것이므로 그렇게 강조하여 번역하는 것이 좋다.

연 습

해답 243쪽

1. The writer was one morning admiring some flowers that had been sent to him the evening before. Among them were some tulips, and out of one of these, as it opened, flew a bee.

---

2. Selfishness we have found to be the attempt of a person to live as if he existed merely on his own account and as if other people existed for him.

   · on one's own account : 자기만을 위하여

---

3. Just as important as the rights of a citizen in a democracy are the duties he must perform. People sometimes talk too much about the rights which they have and forget about their corresponding duties.

   · corresponding : 상응하는, 대응하는

(3) 강조적인 의미를 나타내는 말

강조적인 의미를 나타내는 말에는 그 외에도 몇 가지 더 있는데, 조동사 do나 very 이외에 그 강조의 의미를 놓치기 쉬운 every, each, any 등이 있다. 또한 의문문을 강조하는 on earth(도대체), in the world (도대체)와 부정문을 강조하는 not~ at all(전혀 ~이 아니다), in ~ in the least(전혀 ~이 아니다) 등이 있다.

예문 1

Everybody has his duty.

역 1. 모든 사람은 할 일이 있다.
2. 누구든지 저마다 할 일 있다.

역 1의 번역도 나쁘진 않지만, 강조적인 의미내용이 전해지지 않는다. 역 2와 같이 everybody를 「모든 사람」이라고 번역하지 말고 「누구든지」로 번역하면 강조의 의미가 나온다.

예문 2

Each of the papers was checked and reviewed.

역 1. 서류의 각각은 대조되어 재검토되었다.
2. 어느 서류나 각각 대조되어 재검토되었다.

each도 every와 마찬가지로 강조의 의미가 있어, 역 2와 같이 「어느」라고 번역하면 강조의 느낌이 나온다.

예문 3

Any help is better than no help.

역 1. 얼마간의 도움은 없는 것보다는 낫다.
2. 어떤 도움이라도 없는 것보다는 낫다.

any에는 「얼마간의, 몇 가지인가의」라는 의미뿐 아니라, 「어떤 것이라도」라는 의미가 있고, 그것이 강조의 내용을 지닌다. 그 경우 부정문이나 의문문이 아니라도 사용되며 단수형으로 나타낸다.

연 습

해답 244쪽

1. "Any suggestion would be appreciated," the president said with a sad look. The management has been making every possible effort to get over this financial crisis.

   · financial crisis : 재정 위기

2. Each member of the staff was reluctant to accept offers, because all of them slightly differs in content. So they are going to meet sometime this week to discuss every possible rising problem so that everyone can understand his or her position satisfactorily.

· reluctant : 마음 내키지 않는, 달갑지 않은
· slightly : 약간, 다소

3. Everyone cannot be a genius like Beethoven, nor are all of us gifted with a mathematic talent like Einstein. Neither you nor I can achieve what Beethoven did, but Beethoven himself might not have done so well with what you or I do now. Each has his own merit in which none can be superior to him.

· merit : 장점
· genius : 천재

13. 시 제

시제는 행위의 순서를 나타내기 때문에 번역상 유효한 힌트가 될 수 있다. 자칫하면 놓치기 쉬워서 그것 때문에 의미내용에 혼란이나 문제가 생길 경우가 있다. 문장이 현재형인지 과거형인지, 혹은 미래인지 완료형인지 주의하여, 시간적 전후 관계의 구별을 확실하게 번역하도록 유념해야 한다. 특히 진행형이 습성 또는 미래를 나타내거나, 미래 조동사인 will이 주장, 습성, 고집 등을 의미하거나, 조동사의 과거형인 would가 현재의 희망이나 소원 등을 나타내는 등 다양한 예외적 경우도 있음을 유의하도록 해야 한다.

예문 1

He has just finished the work.

역 1. 그는 그 일을 막 끝냈다.
2. 그는 (마침) 일을 막 끝낸 참이다.

우리말에서는 완료형에 대한 표현이 정확하지 않기 때문에 역 1의 경우 과거형의 의미와 차이가 없다. 이 문장은 일을 마친 상태에 있는 것이다. 기술적으로는 just를 「마침 ~한 참」이라고 번역하면 완료형의 의미내용이 확실하게 전달되지만, 「마침」을 넣지 않고 단순히 「~한 참입니다」로 해도 충분히 의미가 전달된다. 어느 것으로 하던 현재 완료임을 확실하게 전달하지 않으면 안 된다.

예문 2

She has gone.

역 1. 그녀는 갔습니다.
2. 그녀는 가 버렸다.

예문의 의미내용은 확실하다. 「그녀」는 가 버렸고 지금은 이제 그곳에 없다는 것이다. 그 사실을 반드시 전하지 않으면 안 된다. 역 1로도 의미는 알 수 있지만 본문이 의미하는 바는 「그녀」가 없다는 것이므로, 역 2와 같이 번역하면 그 의미내용이 나온다. 언제나 이렇게 번역해야만 하는 것은 아니지만, 항상 그런 의미내용을 갖고 있다는 사실에 유의하여 번역하도록 유념할 필요가 있다. 특히 예술 작품 등은 그 장면, 상황 묘사가 중요하므로, 그렇게 내용을 고려한 번역법이 필요해질 경우가 있다. 이런 면에서 시제에 유의하는 일이 중요하다.

예문 3

I rushed to the station, but the train had already left.

역 1. 나는 역으로 달려갔지만 기차는 이미 떠났었다.
2. 서둘러 역에 갔는데 기차는 이미 떠나고 없었다.

이 예문에서 시간의 전후 구별과 거기에 따른 의미내용을 알 수 있을 것이다. 역 1로 의미가 통하는 것은 아니지만 전차를 타지 못했다는 것을 나타내는 것이 중요하다.

예문 4

He is said to have put up at the inn.

역 그는 여관에 투숙했었다고 한다.

부정사 등 준동사의 완료형은 주절의 시제보다 앞선 시제이므로 번역시에 분명히 이를 반영한다. 이 이외에도 화법이나 준동사가 쓰였을 때 주의해야 할 시제가 꽤 많으므로 번역시에 그 의미가 분명하게 전달되도록 해야 한다.

예문 5

I am always doing something like that.

역 1. 나는 항상 그런 일을 하고 있는 중이다.
2. 나는 늘 그런 일을 한다.

여기에서 진행형은 습관적 행위를 나타내는 표현임을 유의하자. 이처럼 조동사인 would가 과거가 아니라 현재의 소망을 나타내거나 will이 습성, 경향을 나타내는 경우도 있음을 항상 인식해야 한다.

연 습

해답 245쪽

1. Although I am by no means rich, and never shall be, I have never been poor in the sense of wondering where the next meal is coming from.

   · by no means : 결코 ~ 아니다

2. A seven-year-old girl who had been missing since last Monday was found safe. She was kidnapped by a man while she was on her way home from school. She said that she had seen him somewhere before. The kidnapper has not yet been arrested.

   · kidnapper : 유괴범
   · arrest : 체포하다

3. Anyone who would profit by experience will never be above asking help. He who thinks himself already too wise to learn of others, will never succeed in doing anything either good or great.

· would : 소망
· will : 습성, 경향을 나타냄
· He who ~ : ~하는 사람은

4. The manufacture of ready-made clothing had the most revolutionary effect upon all forms of clothing for both sexes. In this revolution the sewing machine has, of course, played the all-important part, and yet the revolution had begun several years before the sewing machine was invented. As the United States was responsible for the development of this machine, so also this country seems to have taken the initiative in the manufacture of ready-made clothing and has held the position preeminently ever since.

· manufacture : 제조
· ready-made clothes : 기성복
· initiative : 주도권
· preeminently : 현저히, 탁월하게
· revolutionary : 혁명적인

14. 화 법

화법의 영문을 번역할 때 간접화법 그대로 번역해도 좋은 경우가 있지만 간접화법도 직접화법처럼 번역하는 편이 의미 전달이 잘 되는 경우가 있다. 또 묘출화법의 경우에도 번역상 세밀한 기술이 필요하다.

예문 1

They said that they were satisfied there then.

역 1. 그들은, 그들이 그곳에서 그 때 만족한다고 말했다.
2. 그들은, 자신들은 여기에서 지금 만족한다고 말했다.
3. 그들은, 우리는 지금 여기에서 만족한다고 말했다.

이 문장은 They said, "We are satisfied here now."를 간접화법으로 고친 것으로, 역 1은 직역의 예다. 역 2와 같이 there를 here로, then을 now로 번역하면 더 좋다. 한 걸음 더 나아가, 역 3과 같이 직접화법처럼 번역하면 주어의 마음이 확실해져서 의미가 상당히 앞으로 나온 느낌이 들고 생생한 표현이 된다. 물론 언제나 이런 방식으로 번역할 필요는 없지만 이렇게 직접화법으로 번역하면 의미내용이 전면에 나와 주어의 마음이 전해진다. 예문의 실제 의미내용은 역 3인 것이다.

예문 2

Mother said with regret that it was a very hot day.

역 1. 어머니는 오늘 매우 더운 날이라고 유감스럽게 말했다.
2. 어머니는 오늘 날씨가 매우 덥구나 라고 말했다.

이 문장은 Mother said, "What a hot day it is!"를 간접화법으로 표현한 것이다. 따라서 역 1처럼 번역하면 감탄문의 뜻이 제대로 전달되지 않는다.

예문 3

She suggested that they should wait there till the rain stopped.

역 1. 그녀는 그들이 비가 멈출 때까지 거기서 기다릴 것을 제안했다.
2. 그녀는 비가 멈출 때까지 여기서 기다리자고 말했다.

이 문장은 She said, "Let's wait here till the rain stops"를 간접화법으로 표현한 것이다. 물론 역 1이 오역은 아니지만 직접화법이 나타내고 있는 의미를 생생하게 전달해주지는 못한다.

예문 4

One day my telephone bell rang, and a male voice greeted me. Had I interrupted you? Would you forgive me, please?

역 1. 어느 날 전화벨이 울리고 남자 목소리가 나에게 인사를 했다. 나는 당신을 방해했나요? 당신이 저를 용서해 주시겠어요?
2. 어느 날 전화벨이 울리고 남자 목소리가 나에게 인사를 했다. 제가 방해가 되었나요? 절 용서해 주시겠어요?

이 문장에서 묘출화법 부분은 직접화법으로 바꾸면 "Have I interrupted you? Will you forgive me, please?"가 된다. 이는 소설 등에서 작가가 등장인물의 심리를 생생하게 표현하기 위해 직접화법과 간접화법의 중간적인 형태를 취하는 것으로 매우 까다로운 형식이 많다. 이 경우에도 될수록 직접화법의 입장에서 번역하는 것이 자연스럽다.

연 습

해답 246쪽

1. She asked her next-door neighbor if she knew Lady Mickleham by sight, and had she seen her lately.

2. The man apologized for having kept us waiting long by saying that he intended to have come earlier but the traffic was pretty bad. But I told him to be more punctual because it was not the first time.

· punctual : 시간을 준수하는

3. A noise reached his ear. He sprang into a doorway. The next moment two men brushed by him, and one seemed to have something under his arm. It must be that box! So they were going to remove the treasure. Should he call Tom now? No, that would be silly; the men would get away and never be found again. He must follow.

· treasure : 보물

15. 생 략

영어를 읽을 때에는 생략된 부분을 머리 속에서 읽고 있으니까 해석할 필요가 없겠지만 글로 번역할 때에는 생략된 부분을 찾아 표현해 주어야만 뜻이 명확해진다. 생략을 사용할 경우 표현이 간결해지고 글의 뜻이 강화되기 때문에 어느 언어에나 생략은 흔히 나타나는 현상이다. 때로 생략된 부분을 찾는 일도 쉽지 않으므로 전후 관계를 살펴 그 부분을 찾아내어 번역을 놓치지 않아야 한다.

예문 1

It is one thing to know and another to teach.

역 1. 아는 것은 하나의 일이요 가르치는 것은 다른(또 하나의) 일이다.
2. 아는 것과 가르치는 것은 별개다.

이 문장은 It is one thing to know and it is another thing to teach.에서 공통부분이 생략된 것이다. 간단하기 때문에 알기 쉽지만 경우에 따라서는 매우 까다로운 구문들이 있으므로 번역시에 주의해야 한다.

예문 2

I'm sure you are going to cheer up again. You're bound to. You can't but.

역 틀림없이 다시 건강해질 거예요. 꼭 그렇게 될 거예요. 당신은 그렇게 되지 않을 수 없어요.

이것은 You can't but cheer up again.(당신은 다시 기운을 내지 않고 있을 수 없다)의 생략형이다. 다음의 예를 하나 더 본다.

예문 3

A: It isn't easy to understand," Peter admitted.
B: No, not for anyone," he said, "you have to work at it."

역 A: "이 책 어려워서 좀처럼 이해할 수 없어요"라고 피터는 인정했다.
B: "그래, 누가 읽어도 그래" 라고 그는 대답했다. "노력이 필요해"

이것은 물론 No, it is not for anyone.을 생략한 형태다. 따라서, "No, not..."라고 해서, 무심코 「아니, 그렇지 않아」와 같이 번역해 버리면 안 된다.

연 습

해답 246쪽

1. Money made is the accepted measure of brains. A man who makes a lot of money is a clever fellow; a man who does not, is not.

   · measure : 척도

2. For both the man and the woman in England, marriage means leaving one's parents and starting one's own life. From this time on the man's first duty will be his wife, and the wife's to her husband. He will be entirely responsible for her financial

support, and she for the running of the new home. The children will be their common responsibility and theirs alone.

· financial : 재정적인

3. In England, the grass is every inch green all year round, and never changes color. English people as well as the grass hate change. Recently the world has had great changes in many fields, but change and revolution are what the English have hated most for centuries. They love tradition, not change; evolution, not revolution.

· every inch : 완전히
· evolution : 진화

16. 삽 입

영어에는 삽입 표현이 많은데, 이것에 사용되는 구두점은 보통 콤마, 대쉬, 괄호의 세 가지이다. 하지만 이런 것들이 없이 쓰이는 삽입구도 있고 삽입 요소 자체가 삽입구를 포함하는 경우도 있으므로 번역시에 주의할 필요가 있다.

예문 1

He made an apology — I wonder if it were a sincere one — for having failed to come at the appointed time.

역 1. 그는 사과를 했는데 — 난 그것이 진실한 사과였는지 모르겠다 — 약속된 시간에 오지 못한 것에 대해서이다.
2. 그것이 진실한 것이었는지는 모르지만, 그는 약속된 시간에 오지 못한 것에 대해 사과를 했다.

이처럼 경우에 따라 번역하기가 애매한 경우가 많다. 역 1이 오역은 아니지만 번역을 해나가는 과정에서는 자연스럽지 못하다.

예문 2

There is a general apathy to if not positive distrust of science itself as a search for truth.

역 진리 탐구로서의 과학 그 자체에 대해서는 비록 확실한 불신은 아니라 할지라도 일반적인 무관심이 있다.

여기에서 if not positive는 삽입절이며 앞뒤에 콤마를 사용하면 좀 뜻이 분명하겠지만 이처럼 콤마 없이 쓰일 경우도 있다.

예문 3

He had, I was by then quite sure, become utterly desperate.

역 1. 그는, 나로서는 그 때까지는 확실하게 알고 있었는데, 완전히 절망하였다.

2. 나로서는 그 때까지는 확실히 알고 있던 일이지만, 그는 완전히 절망하였다.

우리말에서도 대쉬나 괄호가 있을 경우 의미가 분산되기 때문에 번역문에서의 처리에 더욱 신경을 써야 한다. 대체로 주부와 술부를 분리시키지 않는 것이 좋다.

연 습

해답 247쪽

1. All the curious books that I have, they are indeed few, shall be at your disposal.

· at one's disposal : 마음대로 처분 할 수 있는

2. "Won't you really come, then?" said Dick.

"No, I really won't. I've got some work to do this evening."
"Seen Mike lately?" said Dick quickly, who was always afraid, quite without precedent or reason, that I was about to lecture him on the Elizabethan sonnet sequences.
"Not for weeks," I said.

· precedent : 선례
· sonnet sequence : 소네트 연작

3. The coming of the clock must have caused a great if gradual change in the social life of England. Its effect must have been felt in matters as widely separated as the keeping of a private engagement and the launching of a military attack. The watching of the heavens gave way to the watching of the dial and the hands.

· engagement : 약속
· launching : 개시, 시작
· give way to ~ : ~에 길을 내주다

4. The distinction between money and wealth is one that has been brought home to us forcibly during the last few years. Many people now have twice the earnings they had before the war, but they are very little, if any, better off because of the rise in the level of prices. Why has this happened? Who decides how much money is worth and why does it not remain the same all the time, as a yard or a pound weight?

· distinction : 구별
· be better off : 더 잘 살다
· bring home to a person : ~을 명확히 깨닫게 하다, 충분히 납득시키다

17. 명 사

영한 번역시에 명사에서 주의할 점은 무심코 흔히 알고 있는 단어의 뜻으로 오역이나 악역을 하는 것이다. 많은 명사들이 여러 가지 뜻을 가지고 있기 때문에 문맥에 맞는 뜻을 찾아낸다는 것은 때론 힘든 작업이 될 수도 있다. 따라서 훌륭한 사전은 필수이며 시간이 걸리더라도 적절한 뜻을 찾아내야 할 것이다.

예문 1

I'd sent the girl home just after lunch. She wasn't well, off colour. Having a period, thought Peter with certainty.

역 나는 점심 식사 후에 그 소녀를 바로 돌려보냈다. 그녀는 몸 상태가 안 좋았고 안색도 좋지 않았기 때문이다. 생리 탓이라고 피터는 확실히 그렇게 생각했다.

period는 「종지부, 기간, 주기, 시대」의 뜻으로 잘 쓰이므로 가볍게 넘어가기 쉬운 단어이다. 여기서 피터가 확신한 내용은, 그녀가 기운이 없는 이유가 「생리 탓」이라는 것이다. 이 문맥에서 period는 「생리, 월경(기)」의 뜻임을 알아야 한다.

예문 2

The study of war has become a discipline with a large literature from the point of social science, of law, and of history. War has also figured largely in literature, poetry and rhetoric.

역 전쟁의 연구는 사회과학이나 법률이나 역사의 시점에서 보면, 풍부한 문헌의 한 분야로 되어 있다. 또한 전쟁은 문학이나 시나 웅변술에 크게 클로즈업되고 있다.

두 곳에 literature라는 말이 사용되고 있는데, 후자는 그대로 「문학」으로 좋지만, 전자는 「문헌」의 뜻으로 사용되고 있다. 즉, a large literature는 「풍부한 문헌」을 말하는 것으로, 「많은 문헌이 있는 연구

분야」라는 의미다. 예를 들어 drinking literature는 역시 「음주 문학 ; 주정꾼 문학」따위가 아니라 「음주에 대한 문헌」이라는 뜻이다.

예문 3

Vanity is one of those touches of Nature that make the whole world kin. From draggle-tailed little Polly Stiggins, strutting through Seven Dials with a tattered parasol over her head, to the princess, sweeping through a drawing-room, with a train of four yards long.

역 허영심은 전 세계 사람을 같은 종류로 만드는 인정(人情) 중의 하나이다. 너덜너덜한 양산을 쓰고 세븐 다이얼의 빈민가를 으시대며 걸어 다니는 겉멋만 들은 여성의 귀여운 폴리 스티긴스부터, 드레스 자락을 4야드나 뒤에 늘어뜨리고 객실을 지나가는 공주님까지.

train은 「연결되어 계속되는 것」이므로, 「열차」이기도 하고 「행렬, 수행원, 꼬리」인 경우도 있다. 하지만 예문에서 train은 「(길게 끌리는 드레스의) 옷자락」을 의미한다. 이처럼 번역이란 어떤 단어의 뜻 전부를 알고 있거나, 아니면 사전에서 문맥에 맞는 뜻을 찾아야하기 때문에 많은 시간이 걸리고 힘든 작업이 되는 것이다.

예문 4

Is there a maternal instinct that makes it more natural for a woman to mother than a man? Can men take care of babies? Women are certainly physiologically designed and hormonally prepared to bear and nurse infants. They go through complex monthly hormonal cycles which prepare their bodies for conception. During the pregnancy their estrogen levels rise dramatically, then drop just before birth. Other hormons start milk production and release it in response to an infant's cry.

역 남자보다 여자가 어머니가 되는 것을 당연하게 만드는 모성 본능이 있는가? 남자들이 아기를 돌볼 수 있는가? 여자들은 유아를 출산하고 양육하도록 생리적으로 설계되고 호르몬적으로 마련되어 있는 것이 확실하다. 여자들은 임신을 하도록 그들의 육체를 준비시켜 복잡한 월 1회의 호르몬 주기를 겪는다. 임신 기간 중에 여성의 에스트로겐 수준은 극적으로 올라갔다가 출산 바로 전에 떨어진다. 다른 호르몬들은 모유 생산을 시작하고 유아의 울음에 반응해서 그것을 배출한다.

물론 문장을 접하면서 신경을 써야 할 항목 중에 단어의 쓰임이 매우 중요하다. 예문에서는 흔히 접하는 mother, bear, nurse, conception 같은 단어들이 있는데 각각 「어머니, 곰, 간호원, 개념」의 의미가 아니라 「어머니가 되다, 출산하다, 양육하다, 임신」의 뜻이다. 물론 이 단어들은 흔한 것이므로 큰 혼동은 없겠지만 명사에는 위와 같은 예가 무수히 많다. 따라서 번역시에는 전후 관계를 잘 살펴서 우리말에 알맞은 의미를 찾아내는 요령이 필요하다.

연 습

해답 248쪽

1. How he doted on his memories! What a funny sensual bird he was! Queer for recollection, perhaps? But why use harsh words? He was what he was.

   · dote : ~에 빠지다
   · sensual : 관능적인

2. When I was a boy, I knew an old gentleman who used to say the most ferocious things about his landlady behind her back, but who was all smiles and obedience and made room for her as soon as she came into the room.

   · ferocious : 사나운
   · obedience : 복종

3. Few peoples have been more often discussed than the English. In the history of human society for several centuries England has been among the principal world energies: Englishmen have often, and in a variety of fields, been either leaders or valuable

contributors of noteworthy progress.

· world energies : 세계 열강들
· contributor : 공헌자
· principal : 주요한

4. Thinking of all this for the hundredth time he nearly ran into a stationary black Mercedes which was parked round the corner on the main road. He assumed that the dark-clothed figure at the wheel was taking a rest on the long drive from Valencia to Madrid.

· stationary : 정지한, 움직이지 않는
· assume : 생각하다

18. 관 사

영한 번역시에 지나치기 쉬운 단어 가운데 하나가 관사이다. a, an, the 같이 짧기도 하려니와 대부분의 경우에 무시하고 넘어가도 번역상 문제가 없기 때문이다. 그렇지만 결정적인 경우에는 오역이나 악역이 되기 쉬운 단어가 바로 관사이다. 평소에 영문 속의 단어는 아무리 사소하고 짧더라도 그 의미를 새기는 습관을 갖는 것이 좋다. 이 구문에서는 관사 없이 쓰인 명사가 복수형인 경우에도 해당된다.

예문 1

Americans are hysterically anxious to have the good opinion of others.

역 미국인은 타인으로부터 좋게 여겨지기를 병적으로 갈망한다.

사전을 찾으면 have a good opinion of ~가 「~을 좋게 생각하다, 신용하다」로 나와 있다. 따라서 그대로 번역한다면 예문의 번역은 "미국인은 타인을 좋게 생각하기를 병적으로 갈망한다."의 뜻이 되어 원문과 정반대의 악역이 된다. 하지만 잘 보면 한쪽은 정관사, 다른 것은 부정관사다. 영어에서는 명사 앞에 놓여 있는 것이 정관사인지 부정관사인지, 혹은 무관사인지의 차이는 크다. 따라서 have the good opinion of others의 경우는 「타인의 좋은 의견을 지닌다. 즉 타인으로부터 좋게 여겨진다」가 되어, 부정관사의 경우와는 반대의 의미 관계를 나타내게 된다.

예문 2

The pen and the voice are at least as mighty as the sword; for the sword is wielded in obedience to the spoken or written word.

> **역** 글과 말은 무력만큼 강하다. 왜냐하면 힘은 말과 글에 복종하여 휘둘러지기 때문이다.

이처럼 같은 the pen, the voice, the sword라도 때에 따라 그 뜻이 각각 「글, 말, 힘」으로 번역해야할 때가 있다. 즉 「the + 명사」가 추상명사의 뜻을 갖기 때문이다.

예문 3

> Give your son the right sort of discipline, and you can turn him into a Newton, a Confucius, or a Socrates according to taste.
>
> **역** 자식을 올바르게 교육시킨다면 취미에 따라서 뉴톤 같은 과학자나, 공자 같은 성인이나, 소크라테스와 같은 철학자로 만들 수 있을 것이다.

고유명사에 부정관사 a가 붙을 경우 보통명사로 변해 「-와 같은 사람(사물)」의 뜻이 된다. 또 추상명사에 부정관사가 붙을 경우 보통명사가 되며, 물질명사가 복수로 쓰일 경우 보통명사가 되는 등 여러 가지 형태의 관사 용법이 있으므로 번역시에 주의하도록 한다.

연 습

해답 249쪽

1. After some time a large white duck swam up to him. She had yellow legs, and was considered a great beauty on account of her waddle.

· waddle : 아장아장 걷다
· on account of : ~ 때문에

2. A man said, "I notice you don't have any Picassos on your walls. Why is that? Don't you like them?" "On the contrary," Picasso replied, " It is just that I can't afford them."

· it is ~ that : 그것은 ~ 때문이다

3. Then the snow came, and after the snow came the frost. The streets looked as if they were made of silver, they were so bright and glistening; everybody went about in furs, and the little boys wore scarlet caps and skated on the ice.

· glistening : 밝게 빛나는
· frost : 서리
· fur : 모피, 털옷

4. Most of the trouble he had brought upon himself, he saw, had come from his being the slave of his emotions. Very well, he would look before he leaped hereafter. The trick was to get his reason and his emotions pulling together in double harness, instead of letting them fly off in opposite directions, tearing him apart between them. He would try to give his head command and see what happened: then if head said, "Leap!" he'd leap with all his heart.

· harness : 장치, 작업 설비
· slave : 노예
· in double harness : 협력자로서 함께

19. 전치사

전치사를 이해하면 영어의 반을 이해하는 것이나 다름없다는 말이 있는 것처럼 전치사는 그 종류와 쓰임이 다양하고 복잡하여 번역하기에 상당히 어렵고 애매하다. 명사와 관계를 맺는 전치사, 동사나 형용사와 연결되는 전치사가 있는가 하면 단독으로의 뜻을 가진 전치사도 있고 기능어로서 의미가 축소된 것들도 있다. 중요한 것은 아무리 철자

가 짧은 하찮은 전치사라도 반드시 필요해서 사용되었다는 점이다. 그러므로 간과하지 말고 그 의미가 살아나도록 충실히 번역을 해 주는 기술이 필요할 것이다.

예문 1

I am after a better paying job.

역 나는 좀 더 보수가 좋은 일자리를 찾고 있다.

대개의 전치사처럼 after도 여러 가지 의미를 갖고 있다, 「~에 따라서, ~을 본받아, ~을 찾아, ~에도 불구하고, ~에 비추어」등 다양하지만 예문에서는 목적이나 추구를 나타낸다.

예문 2

Who but she would do such a thing?

역 그녀 말고는 누가 그런 짓을 하겠는가?

but는 접속사, 전치사, 부사, 관계대명사, 동사 등 쓰임이 다양하며 전치사일 경우 except(~을 제외하고)와 유사한 뜻으로 사용된다. 이처럼 전치사 자체의 뜻을 분명히 지니고 있는 전치사들은 그 정확한 의미를 찾아서 번역에 반영해야 할 것이다. 다음은 내용이라기보다는 기능어로서의 전치사를 본다.

예문 3

They deprived him of his property.

역 그들은 그에게서 재산을 빼앗았다.

여기에서 of는 deprive에 부속된 관용 표현으로 의미는 있지만 실제로 그것이 번역시에 반영되지 않고 마치 of his property가 직접목적어로 번역이 된다. 다음은 명사와 연결된 예를 보자.

예문 4

This is one of the negative effects of televised violence on children.

역 이것이 텔레비전에 방영된 폭력물이 아이들에게 끼친 부정적인 영향 중의 하나이다.

여기에서 on(upon) 은 앞의 명사 effect에 연결되는 기능어이다. 다음은 전후 관계에 따라 번역에 유의해야할 예문을 들어본다.

예문 5

The hawthorn was exploding white and pink and red along the hedges and the primroses were growing underneath in little clumps, and it was beautiful.

역 산사나무는 생울타리를 따라, 흰색 꽃, 복숭아 색 꽃, 붉은 색 꽃이 흐드러지게 피어있고, 앵초는 작은 덩어리를 이루며 아래쪽에서 자라고 있었는데, 그것 역시 아름다웠다.

clump는 「나무나 그 외 식물의 작은 덩어리」를 나타내는 말이다. 이 말 앞에 in이 놓이면 두 가지 의미, 즉 「덤불 안에」의 뜻으로 「장소」를, 「덩어리를 이루며」의 뜻으로 「상태」를 나타낸다. 따라서 예문은 산사나무가 생울타리를 따라 다양한 색으로 흐드러지게 피어 있는 데 반해, 가련한 앵초는 「아래쪽으로 작게 뭉쳐서」 자라고 있었다는 것을 말한다.

연 습

해답 250쪽

1. It enables us to exercise a certain degree of mastery or control over the physical and social phenomena of the world.

 · phenomena : 현상

---

2. He had not been a week at school when he grew homesick. Both his teacher and his friends did all they could, but his grief was too deep to be reasoned away.

 · reason away : 설득하여 없애다
 · homesick : 향수병

3. Science may be defined as the reduction of multiplicity to unity. It seeks to explain the endlessly diverse phenomena of nature by ignoring the uniqueness of particular events, concentrating on what they have in common and finally abstracting some kind of law, in terms of which they make sense and can be effectively dealt with.

· multiplicity : 다양성
· unity : 단일성
· abstract : 추상하다

4. Her paper, owing to a change of proprietor, to her own and to other of her friends' great annoyance, now provided articles on men's tailoring, women's dress, female heartthrobs, competitions for children, and complaining letters from women and had managed pretty well to shove any real news off any part of it but the front page, or to some obscure corner where it was

impossible to find it.

· owing to : ~때문에
· proprietor : 소유주
· heartthrob : 정열, 감상

20. 대명사

앞에 나온 말을 대신하는 대명사는 영문을 이해하는데 중요한 요소 중의 하나이다. 예를 들어 짧은 문장이나 단순한 문장일 경우는 상관없지만 긴 문장이나 단락에서 it가 여러 차례 반복되는데 그 때마다 「그것이, 그것을」등으로 번역한다면 의미가 통하지 않는다. 따라서 대명사, 즉 it, that, this, he, she, we, you, one, they, these, those 등이 나올 경우, 그것이 가리키는 명사나 명사 상당어구를 찾아 풀어서 번역해야만 한다. 대명사가 가리키는 것을 찾는 방법은 될 수 있는 대로 가까운 명사부터 찾아보는 것이다. 물론 대명사가 관용 용법(총칭 인칭, 비인칭 등)으로 쓰인 것인지도 잘 파악해야 한다. 예문이 길어야 이해가 빠를 것이므로 연습문제를 참조하는 것이 훨씬 좋을 것이다.

예문 1

We keep a cat and a dog; this is more attached to us than that.

역 우리는 개와 고양이를 기르는데, 개는 고양이보다 우리를 더 따른다.

물론 this는 가까운 것을 가리키는 것이고 that은 멀리 있는 것을 나타내므로 「후자는 전자보다 우리를 더 따른다」라고 번역해도 뜻에는 무리가 없다. 그 이유는 문장이 단순하기 때문이다. 그러나 이 문장의 경우 역처럼 번역하는 것이 더 자연스럽다. 더구나 복잡한 문장일 경우에는 뜻이 잘 연결되지 않을 때가 많다.

예문 2

"Oh," said Dottie, almost disappointed that that was all there was to it. "Was that....?" She could not finish the question.
"That was it," he nodded.

역 「어머, 그래.」하고 도티는 단지 그 정도 일이었나 하고 실망하면서 말했다. 「그럼, 그것이…?」그녀의 질문은 중도에서 끝나게 되었다.
「그렇구나」하고 그는 고개를 끄덕였다.

전후 내용이 없이 문장을 잘라내어 그 의미가 잘 통하지 않겠지만 여기서 that는 직전에 말하여진 것을 가리킨다. it는 어느 문맥에서 문제가 되는 것을 가리킨다. 따라서 「(앞에 나온) 그것이 그것(문제)에 관한 전부였다」로 직역이 될 수 있으므로 각기 그 내용을 구체적으로 번역해

주는 것이 좋다. 연습 문제에 비슷한 유형의 문제를 제시했으므로 참조하기 바란다.

예문 3

She has taken it upon herself to speak personally with their parents.

역 그녀는 부모와 직접 이야기해 보기로 했다.

여기에서 it는 to 이하를 가리킨다. 관용적으로 take it upon oneself to~는 「~할 것을 떠맡다」의 뜻이다. 이처럼 it에는 관용적 용법이 다양하다.

예문 4

We are very apt to think of men who have been unusually successful in any line as greatly favoured by fortune, and we try to account for it in all sorts of ways but the right one.

역 우리는 어느 방면에서나 유별나게 성공을 거두는 사람들을, 행운의 혜택을 크게 받은 것이라고 생각하는 경향이 있다. 우리는 이런 성공을 이렇게 저렇게 설명하려고 하지만 옳은 설명만은 빼먹는다.

여기서 it와 one을 그것이 지칭하는 말로 풀어서 번역하였으므로 그대로 직역하는 것보다 훨씬 자연스럽다.

예문 5

If a book does not interest us, it does not follow that the faults is in the book. There is a certain art in reading. Passive reading is of very little use.

역 책이 우리에게 흥미를 주지 못한다 하더라도 그 잘못이 책에 있다는 결론은 나오지 않는다. 독서에는 어떤 기술이 있다. 소극적인 독서는 별로 효용이 없다.

여기서 it는 it follows that~로 쓰여「당연한 결과로서 ~이 되다」는 뜻을 지닌다. 이처럼 it가 앞의 명사를 대신하는 것이 아니라 번역을 할 필요가 없는 구문에 사용되는 경우도 있다.

연 습

해답 251쪽

1. The best teacher in the best college in the world cannot give a student an education. He can lead the way to the mine from which it can be dug, provide him with the proper tools, and show him how to use them. He can encourage him when discouraged, and spur him to move vigorous effort, but the student will own only so much of the precious metal as he digs for himself.

   · discouraged : 실의에 빠진
   · spur : 박차를 가하다
   · mine : 광산

2. The world is in a sorry plight. It is up to you — the citizens of tomorrow — to mold the world into a glove fit for human habitation. It is up to you to abolish wars and to see to it that the necessities of life are made available to all mankind.

· plight : 곤경
· mold : 반죽하여 만들다
· habitation : 거주
· abolish : 폐지하다
· see to it that ~ : it는 가목적어이고 that 이하가 진목적어이다

3. As one grows older one becomes more silent. In one's youth one is ready to pour oneself out to the world; one feels an intense fellowship with other people, one wants to throw oneself in their arms and one feels that they will receive one; one wants to penetrate into them; one's life seems to flow into

the lives of others and become one with theirs as the water of rivers becomes one in the sea.

· penetrate : 침투하다
· intense : 강렬한

4. Should he try for Nurse Penfield or not?....She was intelligent, friendly; good figure too....He calculated. He would probably have to take her out a couple of times before she came through. Then that settled it; it couldn't be this month — money was too short. Save it for me, la Penfield.

· calculate : 계산하다

5. No artist is so sensitive as to be inspired by all his experience. Only to a certain amount of what he sees and hears will he

respond strongly enough for his record of it to be colored by his individual vitality. As a consequence it is only in so far as his work deals with these aspects of his experience that it has aesthetic life. Every writer has, inevitably, a limited creative range. The reader should always take note of this scope of this range. Nor should he blame the writer for remaining within it.

· vitality : 활력
· aesthetic : 미적인
· sensitive : 민감한
· inevitably : 불가피하게

21. 동 사

영어 문장에서 동사의 성격을 알면 문의 구조가 보인다. 모든 구문은 거의 동사에서 결정되기 때문이다. 물론 하나의 동사가 자동사, 타동사로 다 쓰이는 경우가 허다하고 또 취하는 구문도 매우 다양하다. 동사는 전치사나 부사와 결합되는 경우도 있고 부정사나 동명사 등과 결합되는 경우도 있다. 문제는 수많은 동사의 뜻을 정확히 아는 것도 중요하지만 각각의 구문에서 전후 관계에 따라 자주 등장하는 동사의 의미를 유추해서 우리말에 어울리도록 번역해야 한다는 점이다.

예문 1

They are for the garden; the place is grotty once the roses go.

역 그들은 정원에 어울려요. 장미가 지면 그곳은 살풍경이 되어 버리거든요.

grotty는 속어적으로 miserable, wretched 등의 뜻이다. 「피다」는 물론 come out이고 go는 그 반대인 「지다」의 뜻이다. 구어체에서는 「죽다, 사라지다, 약해지다, 없어지다」의 의미로 잘 쓰인다. 따라서 「정원은 장미가 져 버리면 살풍경이 되어 버린다」는 것을 말한다. 타동사로서 「돈을 걸다, 지불하다」등으로도 잘 쓰인다. 예를 들어 I'll go you a dollar on the outcome of the game.는 「이 경기에 1달러를 걸겠다」의 뜻이다.

예문 2

They could not have had a more perfect day for a garden-party if they had ordered it.

역 설사 그들이 그것을 주문했다하더라도 가든파티를 하기에 이보다 더 완벽한 날을 가질 수는 없었을 것이다.

이처럼 order가 나올 경우 우선 「명령하다, 주문하다, 정돈하다, 처방하다」 중에서 어떤 뜻으로 해석할 것인가를 결정해야 하는 것이다. 여기에서는 「주문하다」의 뜻이 된다.

예문 3

I only wonder that you were able to escape.

역 용케 빠져나왔군.

wonder의 경우 타동사일 경우, 「~을 이상하게 여기다, ~이라니 놀랍다, ~이 아닐까 생각하다」의 뜻에서 알맞은 뜻을 찾아내서 번역해야 한다. 여기서는 두 번째의 뜻으로 「~라니 놀랍다」의 뜻이다.

예문 4

She's probably quite a good ordinary French bourgeoise, only like all of them she's a colossal snob and money's gone to her head.

역 그녀는, 사실은 아마 굉장히 선량한 프랑스 부르주아 여성인데, 그런 부류에서 빠지지 않는 굉장한 속물이라, 돈이 있어서 우쭐대고 있다.

영어의 go to one's head는 기본적으로는 「머리(정신 상태)에 영향을 주다」(=affect one's mind)를 의미하고, 경우에 따라서는 「정신이 나가다」와 비슷한 의미를 나타내는 경우도 있는데, 비슷하지만 다른 경우도 있으므로 주의해야 한다. 여기에서는 그녀가 「돈이 있어서 흥분해 있다; 돈이 있어서 우쭐대고 있다」의 뜻이다. 이를 「뭔가 돈 때문에 화가 나 있다」로 번역하면 악역이 되는 것이다. go to ones' head가 쓰인 예문을 들어본다.

(1) His success has gone to his head. He never listens to anyone nowadays.

여기에서는 go to one's head가 「자기도취에 빠지게 하다; 흥분하게 하다」의 뜻으로 「그는 성공해서 흥분해 있다. 최근에는 누구의 말에도 귀를 기울이지 않는다」로 번역된다.

(2) The beer has gone to my head.

여기에서는 「취하게 하다; 머리를 흔들리게 하다」의 뜻으로 「나는 맥주로 취했다」로 번역이 된다.

(3) Looking out of the high window went to her head.

여기에서는 「높은 창문에서 밖을 내다보니 그녀는 현기증이 났다」로 번역된다. 이처럼 특히 관용구의 경우에는 사전에 나와 있는 의미만 가지고는 그 뜻을 다 파악할 수 없는 것이 외국어이므로 많은 문장을 접하면서 스스로 번역의 노하우를 쌓아야만 한다.

연 습

해답 253쪽

1. "You disgust me," she said quietly. "Frankly, you always have and probably always will." She didn't know why she said that. It was quite untrue. It was only true that he disgusted her at this moment.

· disgust : 역겹다

2. And she had a common accent in her speech. He outdid her a thousand times in coarse language, and yet that cold twang in her voice tortured him with shame that he stamped down in bullying and in becoming more violent in his own speech.

· outdo : ~보다 낫다, 이기다, 능가하다
· twang : 콧소리, 코멘 소리
· bully : 마구 뻐기다, 겁주다, 골리다

3. As the quality of air is becoming poorer and poorer, private organizations are trying to make the air cleaner. In spite of their continued efforts, factories and cars are still producing too much dirty smoke or putting too many chemicals into the air. The time may soon come when we have to take on oxygen tank with us wherever we go.

· chemical : 화학 물질
· take on : (짐을) 싣다

4. By dint of repeating that this generation lacks leisure, people have induced themselves to believe that it does. The falseness of it might be held to be proved by its being repeated with so little real regret; by no man's pausing to consider how the lost leisure could be recovered. If we slept more hours, took longer to obtain our food, or to eat it, or, which is perhaps to say the same thing and more, had to work longer hours, then we should have less leisure than the men of the past; but we do not and have not to.

· by dint of : ~에 의해서
· induce oneself to : ~자신을 설득(권유)하여 ~하게 하다
· hold : consider

22. 관용구

아마도 어느 번역자가 영어의 관용구를 다 안다면 그는 천재로 각광을 받을 것이다. 그만큼 영어의 관용구는 광범위하고 복잡하며, 어려우면서 종잡을 수 없다. 보통은 「동사 + 전치사」, 「동사 + 부사」, 「동사 + 부사 + 전치사」, 「동사 + 명사 + 전치사」, 「동사 + 명사」, 「전치사 + 명사」, 「전치사 + 명사 + 전치사」, 「동사 + 동사」, 「대명사 + 전치사」, 「관사 + 명사」, 「전치사 + 부사」등이 자주 쓰이지만 이외에도 무수히 많다. 문제는 한 관용구가 하나의 의미만을 갖고 있지 않다는 데 있으며 의미가 다른 다양한 속어 표현도 있다는 것이다. 따라서 번역자는 문장의 전후 내용에 따라 적합한 의미를 찾아내는 결코 쉽지 않은 작업을 해야만 한다.

예문 1

And anyhow you ran out of the room to cry or throw up or something.

역 그리고 당신은 바로 방을 뛰쳐나가 울던가 토하던가 했을 것입니다.

throw up은 「던져 올리다, 배출하다, 파기하다, 급히 짓다, 눈에 띄게 하다, 새 깃이 나다, 집요하게 비평하다」등의 뜻을 갖고 있지만 여기서는 vomit(토하다)의 뜻으로 속어 표현이다. 이 문장에서는 상대방이 파티 석상을 떠나 방을 나간 것은, 혼자 울기 위해서던가, 취기 때문에 토하던가, 그런 일을 하기 위해서였을 것이다 라는 뜻이다.

예문 2

I phoned Madeleine but she hung up on me; Gersbach, but he was out of his office.

역 마들린에게 전화해 보았지만 그녀는 전화를 끊어버렸다. 거스바하에게 전화를 했지만 그는 사무실에 없었다.

hang up on~이라는 영어에서, hung up은 전화를 「끊다」, on me는 「나에 대해서」로, 그녀는 전화를 받긴 받았지만 나의 목소리를 듣고, 이야기도 끝나기 전에 일방적으로 전화를 끊어버린 것을 말한다. 여기 소설의 한 장면을 예로 들어보자.

"I'm sorry. I have a date, Mr. Temple."

"When are you free?"

"I'm a hard-working girl. I don't go out much. But thank you for asking me."

And the line went dead. The bitch had hung up on him — a fucking bit player had hung up on Toby Temple!

「죄송합니다만, 저 데이트가 있어요, 템플 씨」
「언제면 시간이 비겠습니까?」
「먹고살기 바빠서 별로 외출도 하지 않습니다. 하지만 요청해 주신 건 감사합니다.」
그리고 전화가 끊겼다. 그 계집년, 내 전화를 끊었다 이거지 — 어중간한 배우 주제에 토비 템플님 전화를 끊었어!

예문 3

"I am her. I can act only as she acts. No part of me is alien to her. For all intents and purposes we are one."

역 나는 틀림없이 그 사람입니다. 그 사람처럼만 행동할 수 있어요. 나의 어느 부분을 봐도 그 사람과 관계가 있어요. 어느 점에서 보아도 나와 그 여자는 한 여자인 걸요.

for (to) all intents and purposes 「거의 모든 점에서(in almost every way), 사실상 ~ (virtually), ~도 당연히, 어느 점에서 보아도」 등의 뜻을 나타낸다. for all을 「~에도 불구하고」로 생각하여 「모든 의지와 욕망에도 불구하고 우리는 하나다」로 번역한다면 오역이 된다.

예문 4

"If you amphibians had your way," said the prosecutor, "everybody would run out on his responsibilities, and let life and progress as we know them disappear completely."

역 「만약 당신들 양서인이 하고 싶은 대로 둔다면,」하고 검사는 말했다. 「너나 할 것 없이 자신의 책임을 포기하고, 지금 있는 생활이나 진보도 완전히 모습을 감춰 버리게 될 것이다.」

이는 공상 과학소설의 한 장면으로 여기서 have one's way는 「자신의 방식을 갖다」가 아니라 「자신의 생각대로 한다」의 뜻이다. run out on ~은 「~을 포기하다」(=desert)의 뜻이다.

이처럼 관용구의 예는 끝이 없으며, 사전에서도 그 의미를 찾을 수 없는 경우가 많다. 어떤 경우에는 우리나라에 와 있는 원어민에게 물어봐도 모르는 경우도 있을 정도이다. 따라서 번역자는 시간 있을 때마다 영문을 연구하고 우리말에 익숙하도록 노력을 해야 한다.

연 습

해답 254쪽

1. In a strange place, immigrants make wherever they can for the places where they will find their compatriots.

   · immigrant : 이주민

2. Mr. Aziz gave him his instructions. He then spoke to both men about guarding the Lagonda. He was brief and incisive. Omar and Saleh stood bowing and scraping.

   · bow and scrape : 굽실거리다, 오른 발을 뒤로 빼며 절하다
   · incisive : 예민한

3. Language change as human beings do, but the changes are spread over periods of centuries instead of years. Save at special

times, the change is all but imperceptible to the speakers. As you look in the mirror each morning you are not aware of having changed from the day before.

· save : ~을 제외하고 except
· imperceptible : 감지할 수 없는

4. Sometimes Andrew, forever making light of his fright, decided that it was simply Christopher's appearance that unnerved him. His future father in law was very tall and looked anything but English. He might have looked southern French or even Basque. He had extremely black hair and large dark eyes and a long thin very red mouth.

· unnerve : 낙담시키다, 무기력하게 하다
· make light of : 경시하다

5. Questions of education are frequently discussed as if they bore no relation to the social system in which and for which the education is carried on. This is one of the commonest reasons for the unsatisfactoriness of the answers... Education is a subject which cannot be discussed in a void: our questions raise other questions. And the bearings are on more ultimate problems even than these.: to know what we want in education we must know what we want in general, we must derive our theory of education from our philosophy of life. The problem turns out to be a religious problem.

· bear relation to : 에 관계가 있다
· carry on : 행하다, 경영하다
· bearing on : ~와의 관계
· turn out : 판명되다.

23. 조동사

조동사는 말하자면 악기 연주자와도 같다. 그것은 의미의 미묘한 뉴앙스를 전달하는, 결코 얕볼 수 없는 기능을 지닌 품사이다. 조동사의 형태에 사로잡히지 말고 우선 시제를 확정하고 이어서 구문 안에서의 기능을 살펴야 한다. 조동사는 번역 방법에 따라 상당한 차이가 날 수 있기 때문이다.

예문 1

The feeling was the strongest he knew. He felt he could kill the bankers.

역 그에게 있어서는 이것만큼 격한 감정을 품은 예는 없었다. 그는 가능하면 그 은행가들을 죽이고 싶었다.

can 뿐 아니라 will, shall, may could의 과거형에는 가정법적 용법이 있다. 가장 일반적인 경우는 「만약 지장이 없다면」과 같은 느낌이 추가되는, 조심스럽고 정중한 표현이다. 예를 들어 보자.

May I use your pen? (펜을 빌려도 되겠습니까?)

Might I use your pen? ([만약 지장이 없다면] 펜을 빌릴 수 있을까요?)

예문에서의 could는 「~할 수 있다」라는 능력이 아니라, 「가능하면 ~하고 싶은 정도다」의 뜻을 나타내어, 죽여도 만족할 수 없는 기분을 말하고 있다. 주절의 동사가 과거니까 시제의 일치에 따라서 can이 could로 쓰인 것이라고 생각하여 「죽일 수 있다」고 번역하면 악역이 된다. 과거의 일을 말하는 것이 아니라 가정법적인 용법으로 쓰인 것이기 때문에 felt가 현재 시제라도, can으로는 되지 않는다.

예문 2

How often have you not felt or heard others say: "She made me so furious I felt I could have killed her!"

역 "그 여자한테는 죽이고 싶다고 생각할 정도로 화가 났어!" 라고 느끼거나, 남이 하는 말을 듣거나 한 적이 몇 번이나 있을 것이다.

여기에서는 could have + p.p.의 형태를 취하고 있는데 이를 「죽일 수 도 있었다」로 번역하는 것은 적낭하지 않다. can have + p.p.(과거의 부정 추측: ~이었을 리가 없다)의 과거형으로 생각하면 더더욱 악역일 것이다.

과거형 could와 was able to의 용법도 구별해야만 한다. 예를 들어 보자.

(1) I could swim across the river (if I tried).

(2) I could swim across the river (before I was eight).

(3) He was able to swim across the river.

(1)은 「(만약 할 수 있다면) 수영해 건널 수 있을 것이다」로 가정법 과거에서 현재의 사실을 말하고 있다. (2)는 과거에 「수영해 건널 능력

을 갖고 있던」상태를 나타내는 의미로서의 「할 수 있었다」이고, (3)은 어느 때 「보기 좋게 수영해 건넜다」는 것을 나타내는 「할 수 있었다」(= succeeded in swimming across)이다. (3)의 경우에 could를 사용하기 쉬우므로 주의해야만 한다.

다음과 같은 가정법의 could를 사용한 관용표현도 틀리기 쉽다.

I couldn't care less.

신경 쓰는 정도가 더 이하인 일은 있을 수 없을 것이다, 즉 나는 전혀 신경 쓰지 않는다, 내가 알 바 아니다의 뜻이다.

예문 3

She must have been a beauty in her day.

역 그녀는 한창 때에 미인이었음에 틀림없다.

must에는 「~하지 않으면 안 된다」와 「~임에 틀림없다」의 두 가지 주요한 의미가 있는데, 완료형을 동반하는 경우는 「(과거에) ~했음이 틀림없다」의 의미로 과거의 추측만을 나타낸다. 추가하자면 「(과거에) ~하지 않으면 안 되었다」의 뜻은 had to ~이고, 「(과거에) ~해야만 했었는데도 (실제로는 하지 않았다)」의 뜻은 should have p. p. 또는 ought to have p. p.로 나타낸다.

You had to notice it. (당신은 그것을 알아채야만 했었다)

You should(or ought to) have noticed it.
(당신은 그것을 알아챘어야만 했는데)

예문 4

It is surprising that he should be so foolish.

역 그가 그렇게 바보라니 놀랍다.

shall의 과거형으로서가 아닌 should의 쓰임은 다양하며 번역을 할 경우와 하지 않을 경우가 있다. 과거형이지만 단순히 의무나 당연을 나타내는 should는 감정적 판단을 나타낼 경우 위의 예에서처럼 「~하다니」로 해석이 된다. 하지만 이성적 판단을 나타낼 때에는 번역하지 않는다.

It is necessary that you should answer the question.
(너는 그 질문에 대답할 필요가 있다.)

예문 5

A child that always receives sympathy will continue to cry over little troubles.

역 항상 동정을 받는 어린아이는 사소한 고통을 가지고 끊임없이 울어댄다.

여기에 쓰인 will은 미래형이 아니라 습성이나 경향을 나타내는 조동사이다. 이 뜻 이외에도 거부, 습관, 추측, 부드러운 명령 등 그 쓰임이 다양하므로 단순히 미래를 나타내는 조동사로 생각하지 말고 올바른 의미를 찾아 번역해 주어야 한다.

연 습

해답 255쪽

1. People mistake very much, who imagine that they must of course speak their own language well and that therefore they need not study it, or attend to it.

   · attend to : 주의하다

2. "Here is a shilling for you," said Sir Walter, "but mind you owe me six pence." "God bless you!" said the Irish beggar, "May you live till you get it."

   · owe : 빚지다

3. I should like you to show me your skill. Come, listen to me. If at this distance you can shoot an arrow so as to split the apple on the head of your son, I will set you free.

   · so as to : ~하기 위해서

4. Economic laws can no more be evaded than can gravitation. We might as well attempt to reverse the motion of the earth on its axis as attempt to reverse the industrial progress and send men back into the age of homespun.

· gravitation : 인력, 중력
· homespun : 수직물
· evade : 피하다

5. Thomas Edison was almost boyish in his love for finding the right answer to a hard question. He just would not give up. Failure made him work harder time and again. People always spoke of Edison as a genius. Edison liked to say, "genius is one per cent inspiration and nine-nine per cent perspiration.

· perspiration : 땀
· inspiration : 영감

24. 형용사

형용사의 경우에는 한 단어가 지니고 있는 여러 가지 뜻 중에서 주어진 문장에 가장 근접할 수 있는 뜻을 찾아내는 것이 매우 중요하다. 또한 형용사가 한정적 용법과 서술적 용법으로 쓰일 때 의미의 차이가 나는 것도 주의할 필요가 있겠다.

예문 1

He felt he was being rude, and turned to one of the book cases.

역 그는 실례란 느낌이 들어, 서둘러 책꽂이 쪽으로 방향을 바꾸었다.

사전의 의미로 rude는 「버릇없는, 가공하지 않은, 졸렬한, 귀에 거슬리는, 거친, 야비한」 등의 뜻이 있지만 상황에 따라 이 뜻을 우리말로 적절히 번역하는 일은 쉬운 일이 아니다. 여기서는 자기도 모르게 가만히 여성을 쳐다보던 자신의 행위를 「실례」라고 느끼고, 방향을 바꾸었다는 것을 말한다. 주의할 점은 다음과 같은 단순형과 진행형의 의미를 구별하는 것이다.

He is rude.(그는 무례한 남자다)
He is being rude. (그는 무례한 짓을 하고 있다)
You are naughty.(넌 장난꾸러기이다)
You are being naughty again. (너 또 장난을 치고 있구나)
She is a good girl.(그녀는 착한 아이이다)
She is being a good girl today. (오늘은 착한 아이로 지내고 있다)

예문 2

I hope he doesn't lose, he's a bad loser.

역 그가 지지 않으면 좋겠어, 고약한 패자거든.

bad는 번역하기가 어려운 단어 중의 하나이다. a good loser란 「지고서도 화를 내거나 풀이 죽거나 하지 않는 사람, 지는 모습이 좋은 사람, 산뜻한 패자」이고, a bad loser는 그 반대로 「지고서 투덜거리거나, 아쉬워하거나 억지를 부리는 사람」을 말한다. 예문에서는 그가 지면 후한이 대단하므로 이기게 하고 싶다는 뜻이 담겨 있다.

마찬가지로 a bad sailor라고 하면 「나쁜 선원」이 아니라, 금방 배멀미하거나 하는 「배에 약한 사람」을 말하고, a good sailor라고 하면 「배에 강한 사람」을 말한다.

예문 3

Who is the present mayor of this city?

역 이 도시의 현 시장은 누구냐?

present는 한정적 용법의 경우 「현재의, 지금의, 오늘날의」의 뜻이고 서술적 용법의 경우에는 「있는, 출석한, 잊지 않고 있는」등의 뜻이다. 이런 예는 certain(어떤, 확실한), late(죽은, 고~, 늦은), right(오른쪽의, 옳은)와 같은 단어도 마찬가지다. 하지만 반드시 이 법칙에 따르지 않을 때도 있기 때문에 주의해야 한다. certain의 예를 들어본다.

There is no certain cure for this disease.
(이 병에는 꼭 효험 있는 약은 없다.)

It is my certain conviction that no man loses his freedom except through his own weakness.
(어떤 인간도 자기 자신의 약점에 근거하지 않고 자유를 잃어버리는 일은 없을 거라는 것이 나의 확고한 신념이다.)

예문 4

True, you will see a few things you will enjoy.

역 사실 당신은 즐기게 될 몇 가지 것들을 보게 될 것이다.

형용사가 단독 또는 수식어와 함께 문두에 쓰일 경우가 있다. 이 경우 분사구문의 일종이거나, it is ~ that~구문에서 형용사만 놔두고 it is ~ that~이 생략된 것일 수도 있고, 부사처럼 문장 전체를 수식하는 구문도 있으며, 주절의 주어를 서술할 때도 있다. 물론 다 강조 구문의 일종인데 번역시에는 우리말에 적합하도록 뜻을 찾아내는 일이 중요하다. 한 예를 더 들어본다.

Virtually indestructible, it dies only when the tree dies.
(실질적으로 소멸불가능하기 때문에 그것은 그 나무가 죽을 때에만 죽는다)

연 습

해답 256쪽

1. You poke fun of me. That's mean, that's not worthy of you, Piet.

   · poke fun of : 놀리다
   · mean : 비열한

   ---

2. It is of far greater importance to a man in public life to make one friend who will hold out with him for twenty years, than to find twenty followers in each year, losing as many or even a tenth part as many.

   · of importance = important

   ---

3. Each individual before doing anything must decide for himself and at his own risk what he is going to do. But this decision is impossible unless one possess certain convictions concerning the nature of things around one, the nature of other men, of oneself.

   · unless : ~하지 않는 한
   · nature : 본질, 성질

   ---

4. American courts depend on eyewitness testimony to resolve court cases. Sometimes it is the only evidence to a crime, and it is often correct. People do make mistakes, and in a few cases the testimony of eyewitnesses has convicted innocent people. More important, it has rightly convicted a large number of guilty people; consequently, it continues to be a valuable part of the American court system.

· eyewitness : 목격자
· testimony : 증언
· convict : 유죄를 입증하다

25. 부 사

부사의 경우에 주의해야 할 점은 단어 하나가 갖는 다양한 뜻은 물론 그것이 쓰인 위치에 따라서도 의미에 차이가 생긴다는 점이며, 또 동사와 결합하여 복잡한 관용어를 만든다는 점이다. 특히 강조하기 위해 쓰인 부사의 뜻을 제대로 살려 주는 번역이 필요하다.

예문 1

He is wisely staying at home today.

역 그가 오늘 외출하지 않은 것은 현명한 일이다.

이 경우의 wisely는 문장 전체를 수식하는 것으로 He is managing the matter wisely.(그는 그 일을 현명하게 처리하고 있다)에서의 wisely와는 그 쓰임이 다르다. 예를 더 들어본다.

I remember it well.(난 그것을 잘 기억한다)
You may well believe it.(네가 그것을 믿는 것은 당연하다)
He saw the difference clearly.(그는 분명히 그 차이를 알았다)
He clearly saw the difference.(그가 그 차이를 안 것은 분명했다)
Exercise necessarily doesn't pay.
(운동이 이롭지 못하다는 것은 필연적이다)
Exercise doesn't necessarily pay.
(운동이 반드시 이로운 것은 아니다: 부분부정)

예문 2

He lived simply simply because he was compelled to do so.

역 그는 단지 그렇게 하지 않을 수 없기 때문에 검소하게 산다.

여기에서 앞의 simply는 「간소하게, 꾸밈없이」의 뜻이고 뒤의 것은 「단순히, 다만, 단지」의 뜻으로 뒤에 나오는 절을 수식하는 부사이다. 이처럼 부사가 문장 내에서의 위치에 따라 번역에서 그 뜻을 살려줘야 한다.

예문 3

He arrived five minutes after I got there.

역 그는 내가 거기에 간 지 5분 후에 도착했다.

만일 He waited five minutes after he got there.가 되면 「그는 거기 도착한 후 5분 동안 기다렸다.」의 뜻이 된다. 즉 부사구인 five minutes는 for five minutes의 의미로 wait를 수식한다. 하지만 예문에서 five minutes는 뒤에 나오는 after절을 수식하는 부사구가 되고 있다.

예문 4

Once he hesitates, we have him.

역 그가 망설이기만 하면 일은 다 된 거다.

윗 문장의 once처럼 부사가 접속사로 쓰일 때가 있다. otherwise, directly, the + 비교급 등도 이에 해당된다. 기타 문두에 부사가 쓰여 도치구문을 이룰 때 강조를 위한 것이므로 그 뜻을 가급적 번역에 반영하도록 한다.

연 습

해답 257쪽

1. Napoleon was rarely, if ever, deceived in regard to a man's actual ability, no matter whether the other had demonstrated his ability or not.

   · in regard to- : ~에 관해서
   · demonstrate : 선전하다, 증명하다

2. It wasn't that Helga and I were crazy about Nazis. I can't say, on the other hand, that we hated them. They were people. Only in retrospect can I think of them as trailing slime behind.

   · in retrospect : 돌아다보면, 회고해 보니
   · slime : 더러운 것, 악취 나는 것, 인간 쓰레기들

3. "Practically all the major technological changes since the beginning of industrialization have resulted in unforeseen consequences. Our very power over nature threatens to become itself a source of power that is out of control.

· unforeseen : 예견할 수 없는
· threaten : 위협하다

4. "I've got a lot of office homework too."
"Oh, yeah, of course. We gotta do our homework."
Phil was less than sympathetic to my serious involvement with a lot of business issues (e. g. draft cards). So I had to hint at their significance.
"I'm down in Washington a lot. I'm arguing a First Amendment case before the Court next month. This high school teacher."

· draft cards : 징병 영장 사건
· significance : 의의, 중요성
· A First Amendment case : 헌법 수정 제 1조 사건

26. 접속사

문장이나 구, 단어를 연결하는 접속사는 그 종류도 다양하고 용법도 다양해서 번역시에 매우 주의하지 않으면 안 되는 기능어이다. 상황에 따라 여러 가지 의미를 갖는 복잡한 종속접속사나 상관접속사, 또 접속사가 없는데도 접속사가 있는 것처럼 번역을 해야 하는 경우는 말할 것도 없고, and나 but, 또는 or 같은 단순한 등위접속사까지도 오역의 가능성이 많으므로 각 접속사의 쓰임과 의미를 숙지할 필요가 있다. 여기에서는 몇 가지 사례만을 제시한다.

예문 1

There are fools and fools.

역 바보라고 해도 최상부터 최하까지 있다.

보통 같은 말이 and 로 연결되면 점증, 반복, 계속 등의 뜻을 나타낸다. 영어에서는 연결되는 말의 품사가 형용사, 동사, 부사로 다양한데, 우리말에서는 예를 들면 「그는 달리고 달렸다」와 같은 경우를 제외하고 같은 말을 반복하여 나타내지 않고, 부사적으로 강조하게 된다. 예문의 경우 바보는 많이 있다, 즉 여러 바보가 있다, 또는 바보라고 해도 최상부터 최하까지 있다의 뜻이 된다. 이처럼 단순한 and의 경우도 의미와 용법을 자세하게 분류하자면 다양하다. 특히 다음과 같은 것을 구별해 두어야만 한다.

(a) The book was written by a scholar and novelist.

(b) You are a teacher, and you don't know such a thing.

(c) Try and come tonight. / Be sure and see him.

(d) This room is nice and warm.

(e) You cannot eat your cake and have it.

(f) One more word, and I will send you out of this room.

[오역]

(a) 그 책은 학자와 소설가에 의해 쓰여 졌다.
(b) 당신은 선생이니까 이런 일을 모른다.
(c) 해 보고 오늘밤 오시오. / 확인하고 그를 만나시오.
(d) 이 방은 멋지고 게다가 따뜻하다.
(e) 당신은 케이크를 먹을 수 없고 갖고 있을 수도 없다.
(f) 한 마디 더 하자면 나는 너를 이 방에서 내 보내겠다.

[정역]

(a) 그 책은 학자이자 소설가이기도 한 사람에 의해 쓰여졌다.
(b) 당신은 선생인데도 그런 걸 모른다.
(c) 어떻게 해서든 오늘밤에 와. / 그를 만나는 걸 잊지 마라.
(d) 이 방은 적당히 따뜻하다.
(e) 케이크는 먹으면 없어진다. (양쪽 다 좋은 것은 할 수 없다)
(f) 한 마디만 더하면 너를 이 방에서 내쫓겠다.

이와 같은 예는 but, or, as 등에도 해당되므로 쓰임에 따른 올바른 번역에 주의 해야 한다.

예문 2

The market is bad enough as it is without a strike to make things worse.

역 시장 상황은 파업이 일어나 사태가 더욱 악화되지 않아도, 현 상태로도 상당히 부진하다.

만일 예문을 「시장 상황은 사태를 악화시키는 파업이 없어도 지금처럼 충분히 나쁘다.」라고 한다면 오역이다. as it is는 문맥에 따라 다양한 의미 관계를 나타낸다. 다음 예를 보자.

(a) A writer must present life as it is.
(작가는 인생을 있는 그대로 묘사해야만 한다)

(b) He is not satisfied with life as it is.
(그는 있는 그대로의 인생에 만족하지 않는다)

(a)(b) 양쪽 다 「양태」를 나타내는데, (a)는 부사절로서 동사(present)를 수식하고, (b)는 형용사절처럼 명사(life)를 수식하고 있다.

다음의 예를 보자.

(c) Difficult as it is, the book is instructive.
(그 책은 난해하지만 도움이 된다)

(d) Written, as it is, in plain English, the poem is easily understood.
(쉬운 영어로 쓰여져 있으므로 그 시는 이해하기 쉽다)

(e) But for these books, his mind would never have developed as it is now.
(이 책들을 읽지 않으면 그의 정신은 결코 지금처럼 성장하지 않았을 것이다)

(f) I'd go with you if I were free, but as it is, I can't.
(한가하면 함께 가겠지만, 실은 [한가하지 않아서] 갈 수 없다)

(g) If the scandal were true, it would be fatal to him: even as it is, his reputation is on the wane.
(그 스캔들이 사실이라면, 그의 치명타가 될 것이다. 지금도 그의 평판은 내리막이니까)

예문 3

His manner, if patronizing, was not unkind.
역 그의 태도는 생색내는 식이었으나 불친절하지는 않았다.

if에는 조건을 나타내는 의미 이외에 양보를 나타내어 「비록 ~일지라도」의 뜻과 대조를 나타내어 「~이지만」, 때를 나타내어 「~할 때는 언제나」, 간접의문문을 이끌어 「~인지 아닌지」 등 여러 의미를 지닌다.

예문 4

No one is so old but he may learn.
역 나이가 너무 많아서 배우지 못한다는 법은 없다.

but은 종속접속사로 쓰일 경우 다양한 용법에 쓰이며, 「~못할 정도로, ~않고는, ~라는 것, ~하지 않는다는 것」등 의미 또한 다양하다. 몇 가지 예를 든다.

It never rains but it pours.
(비가 오기만 하면 반드시 억수처럼 퍼붓는다.)

I don't doubt but (that) you will achieve it.
(당신이 그것을 해낼 것을 의심치 않는다.)

Who knows but that he may be right?
(어쩌면 그가 옳을지도 모른다. 그가 옳지 않다는 것을 누가 알 것인가?)

예문 5

I am in a slightly awkward position in that my secretary is on holiday at the moment.

역 지금 비서가 휴가 중이어서 좀 불편한 입장에 있다.

in that에는 「~라는 점에서, ~이기 때문에(because, since)」의 두 가지 의미가 있다. 이외에 now that, seeing that, the way, the moment, the instant, so ~ that, whether, once, only 등의 쓰임과 다양한 that의 쓰임에 주의해서 번역하도록 한다.

Men differ from brutes in that they can think and speak.
(인간은 생각하고 말할 수 있다는 점에서 짐승과 다르다.)

Now that I am a man, I think otherwise.
(인간이니까 난 생각이 다르다.)

Once you have made a promise, you should keep it.
(일단 약속하면 지켜야 한다.)

I would do it with pleasure, only I am too busy.
(하고 싶지만 너무 바빠서 못하겠다)

I don't see how he can act the way he does.
(그가 어떻게 저런 식으로 활동할 수 있는지 모르겠다.)

Immediately the exam is over, all those who can afford hurry off to skiing.
(시험이 끝나자마자 여유가 있는 자들은 급히 스키타러 간다.)

Tower bridge is so made that it opens in the middle.
(타워 브리지는 가운데가 열리도록 만들어져 있다.)

The moment(instant) I saw him, he tried to run away.
(내가 그를 보자마자 그는 도망가려고 했다.)

연 습

해답 258쪽

1. Do not allow yourself to be misled by the common notion that an hypothesis is untrustworthy simply it is an hypothesis... You may have hypotheses and hypotheses.

   · hypothesis : 가설
   · notion : 생각

2. It is not every one who can see a landscape as a writer like Ruskin or Tindall did. Their beautiful descriptions of mountain scenery depend less on their mastery of the English language, great as that is, than on their power of seeing what is before them.

· landscape : 경치
· description : 묘사

3. The most important fact about any man is what God he worships — what he really lives for. People may protest that they have no religion, yet everybody in practice worships something, be it only himself or money or dog-racing.

· be it only himself = whether it be only himself (명령형을 사용한 양보절)
· worship : 예배하다

4. Human society as we know it, or as our ancestors for several thousand years knew it, would be impossible without speech. Language allows humans to cooperate in large-scale, complex patterns. It further allows these patterns to be modified; both the patterns and the modifications may then be passed on to future generations as a base on which they can build.

· modification : 수정
· ancestor : 조상
· cooperate : 협동하다

5. The scientist, like the poet, is born, not made. One of the first of the many lines of inquiry before the student of science is the self-examination: "Am I really a born scientist? Am I so endowed by nature that I can follow in the footsteps of the men, great and small, who have made science what it is?" There must be within the student, therefore, not only the will to conquer, but also the belief, though a kind of spiritual and intellectual impulse, that he can conquer in the end.

· self-examination : 내성, 자성, 반성
· endow : 주다, 부여하다
· inquiry : 질문
· impulse : 충동

27. 기 타

번역시에 흔히 접하게 되는 문제점으로 지금까지 다루지 못한 것 중 몇 가지만을 간략하게 소개한다. 여기서는 형태는 같은네 뜻이 다른 경우, 형태는 같은 데 구문이 다른 경우, 속담, 수사, 유사어, 신체 부분을 사용한 표현 등을 다룬다.

(1) 속담

옛적부터 내려오는 민간의 격언이라고 할 수 있는 속담은 짧은 표현 속에 많은 의미를 포함하고 있는 훌륭한 구절이다. 하지만 영어와 우리말에서 유사한 내용을 표현하는 속담의 표현은 다를 때가 많다. 가장 일반적인 예로, 「호랑이도 제 말하면 온다」는 Talk of the devil, and he will appear. 또는 Talk of angels, and you will hear their wings. 등으로 표현한다. 또 「호랑이 없는 산에서는 토끼가 선생이다」는 When the cat is away the mice will play. 가 된다. 따라서 일반적인 속담뿐만 아니라 속어나 비어 속의 속담까지도 알아두는 것이 좋다.

예문 1

"Little children should be seen, and not heard" is a saying often in the mouth of an English mother.

역 "어린 아이는 말을 해서는 안 된다"라는 말은 영국 어머니가 자주 하는 속담이다.

여기서 속담 내용은 구체적으로는 「아이는 연상인 사람 앞에서는 가만히 있고, 이야기를 걸어주지 않는 한 떠들지 않는 법이다」와 같은 말을 하는 것이다. 오늘날과 같은 사회에서는, 조금 이해가 되지 않는 속담인 듯하지만, 영어를 배우는 사람에게 있어서는 배경적인 상식이 될 수 있다.

(2) 유사어

철자의 모습이 비슷해서 혼동이 생기는 경우가 있다. 예를 들자면 stationary(움직이지 않는)와 stationery(문방구)는 철자가 하나 틀리지만 뜻은 전혀 다르다. 이런 예는 흔한데 번역시에는 혼동을 일으킬 경우가 있으므로 주의해야 한다.

예문 2

George had recently sent one of his rare letters, dully factual about experiments with new fertilizers.

역 편지나 글 쓰는 것을 싫어하는 조지가 최근 신기하게 새로운 비료 실험에 대해 사실만을 전하는 지루한 편지를 보냈다.

여기서 dully(지루하게)를 duly(올바르게, 적절하게)로 잘못 읽어 엉뚱한 번역이 되기 쉽다. 이런 예는 massage(마사지)와 message(전달), serve(봉사하다)와 sever(절단하다), country(국가, 시골)와 county(군), pronouncement(공고, 선언)와 pronunciation(발음), struggling(애쓰는, 투쟁하는)과 straggling(낙오한, 산재한) 등이 있는데 특히 번역에 쫓기다 보면 유사어로 착각하는 경우가 있으므로 주의해야 한다.

(3) 형태는 같으나 다른 문장인 경우

간혹 똑같은 문장인데 뜻이 다른 경우가 있다. 이런 경우에는 전후 관계와 구문을 잘 살펴야 한다.

예문 3

He sent his son for the book that he had bound.

역 그는 제본해 받은 책을 아들에게 가져오게 했다.

여기서 had bound는 과거완료의 문장이 아니며 had와 bound는 따로

떨어진 단어이다. bound는 bind의 과거 분사 형으로 「장정한, 제본이 된」의 뜻으로 he가 제본한 책이 아니라 제본이 된 상태로 그가 받은 책을 말한다. 다음의 예를 보자.

> Believe you me. You don't have to be psychic to know what that is.(정말이야. 초능력이 없어도 그것이 무엇인지 정도는 알 수 있어.)

이 예문에서 Believe you me는 명령문에 you를 나타내어 그것이 동사 다음에 놓인 예로 실제로는 Believe me. 와 같다.

(4) 형태는 같으나 다른 구문인 경우

형태는 같으나 구문이 같지 않는 예가 있다. 예를 들어 have to가 나올 경우 별 신경 쓰지 않고 must의 뜻으로 해석해버리는 경우를 말한다.

예문 4

What do you have to say?

역 자네는 무슨 말을 하고 싶은가?

이 예는 항상 「have to = must」의 관계가 들어맞는다고는 할 수 없는 예다. 예문에서 have와 to가 근접해 있지만, 실은 I have nothing to say.와 같은 형태의 구문으로서, have의 목적어가 의문사 what이기 때문에 문장 앞에 나와 have와 to가 달라붙은 형태인 것이다. 따라서 번역은 「자네는 무엇을 말하지 않으면 안 되는 것인가」의 형식이 아니라 「자네는 말해야 할 뭔가를 갖고 있는가」하는 기본적인 의미관계에서

유도된 문맥에 적합한 번역을 생각해야만 한다. 따라서「자네는 무슨 말을 하고 싶은가」,「자네는 어떤 할 말이 있는가」 등의 의미가 된다. 다음의 예를 보자.

> They have been cheated of the best things that life has to offer.(그들은 인생이 부여해 주는 가장 좋은 것을 속임수로 빼앗겨버렸다)

즉 여기서 has와 to offer는 별개의 어휘로「인생이 제공하지 않으면 안 되는」이 아니라, 인생이 제공하기 위해 갖고 있는, 즉 인생이 부여할 수 있는과 같은 정도의 번역으로 해 두는 게 좋다.

(4) 신체의 부분을 사용하는 표현

영어에서는 신체의 일부분을 사용하여 표현하는 어구가 많다. 예를 들어「전혀 모르겠다」는 I can't make head or tail of it.으로 표현 할 때가 있다. 의외로 이런 표현이 많으므로 그 표현을 익혀두어야 한다.

예문 5

What's the long face for?

역 왜 그런 우울한 얼굴을 하고 있는 거야?

이를「왜 이리 얼굴이 긴거야?」로 번역한다면 오역이다. make a face나 make faces는「얼굴을 찌푸리다」의 뜻이며 make대신 pull, draw, put on 등을 쓰기도 한다. 예문처럼 단순히 long face로 표현하기도 한다. 다음 예문을 보자.

He took to his heels.(허둥지둥 도망쳤다)
He lives from hand to mouth.(하루살이)
Don't put your nose into my affair.(쓸모 없는 말참견)
Hold your tongue.(말 걸지 마)
So many men, so many minds.(십인 십색)
Make a clean breast of it.(숨기지 말고 자백해)
His fingers are all thumbs.(손재주가 없는 놈이다)
Two heads are better than one.(두 사람의 지혜는 한 사람 것보다 낫다)
cross one's heart(가슴에 성호를 긋다, 맹세하다)
lose heart(용기를 잃다, 실망하다)
lose one's mind(이성을 잃다, 발광하다)
lose one's head(자제력을 잃다, 허둥대다)
lose face(면목을 잃다, 체면을 잃다)

예문 6

Three score and ten is the usual age of men.

역 인생 70은 사람의 보통 나이다.

score는 20이므로 20 × 3 + 10 = 70이다. 기타 dozen(12), double, thrice(세배) 등 수사에 관련된 단어들에 주의하도록 한다.

연 습

해답 259쪽

1. Nothing succeeds, they say, like success, and certainly nothing fails like failure. I was successful in my work, so I suppose other successes were too much to hope for. My attempts at anything other than my work have always been abortive.

   · abortive : 발육 부진의, 실패의, 미성숙의

   ---

2. A: You begged me, you asked me....
   B: In my cups.
   A: You crossed your heart.
   B: Well, I'm uncrossing it.

   · uncross : 교차를 풀다

   ---

3. The elderly woman sat nervously on the edge of one of the chairs in a drawing-room that looked as if it were furnished

from dismal relics of dismal homes, and there was a little straggling attempt at conversation.

· relics : 유물, 유적
· dismal : 음침한
· straggle : 놓치다, 풀리다, 산재하다, 뿔뿔이 흩어져 나아가다

4. Universities should hold up for admiration the intellectual life. The most precious gift they have to offer is to live and work among books or in laboratories and to enable the young to see those rare scholars who have put on one side the world of material success, both in and outside the university, in order to study with single-minded devotion some topic because that above all seems important to them.

· admiration : 찬미
· laboratory : 실험실
· scholar : 학자

5. He felt his audience was bored, because they were eating again, so he said, as a punch, 'I know when we have kids I'm certainly not going to kiss my wife in front of them.'

   It was too harsh a thing to say, too bold; he was too excited. His wife said nothing, did not even look up, but her face was tense with an accusatory meekness.

   'No, I don't mean that,' he said. 'It's all lies, lies, lies, lies. My family was very close.'

   She said to the friend softly, 'Don't you believe it. He's been telling the truth.

   · accusatory : 고발하는, 비난의
   · meekness : 온순, 유순

해 답

Part 1

1. 먼저 문체를 선택하라.

p. 12

1. 오늘 날 10 대 청소년들은 규칙에 넌더리를 내고 있습니다! 우리가 돌아서는 곳마다 — 가정에서나, 학교에서, 그리고 거리에서나 — 오직 규칙, 규칙 또 규칙만을 발견하게 됩니다. 그것들은 우리 능력을 발휘하지 못하게 하고, 우리 자신을 자유롭게 표현하지 못하게 하며, 규칙이 우리를 애기 보듯 돌보아 주게 함으로써 어른들이 더 많은 시간을 가질 수 있도록 하는 데 도움을 줄뿐입니다. 우리는 규칙 없이도 잘 살아갈 수 있습니다. 규칙이 필요한 건 어린아이들뿐입니다. (예문은 고등학교 학생이 급우들에게 하는 긴 연설문 중의 앞부분이다.)

2. 반복을 피하라.

(1) 주어가 1인칭과 2인칭인 경우

p. 15

1. 기차에 오르기 전에 기차 안은 사람들로 가득 차 있었는데, 플랫폼에

는 사람들이 참 적구나 하는 생각이 갑자기 머리에 떠올랐다.

2. 불가사의로 가득한 세계에 살고 있다는 사실과, 가장 불가사의한 일들이 바로 눈앞에서 일어나고 있다는 사실을 아느냐? 우리 주위에 있는 가장 흔한 식물이나 동물까지도 놀랍게 행동을 한다. 그러나 개중에는 눈을 갖고도 못보고 그냥 지나쳐 버리는 사람이 많은 것 같다.
3. 어떤 덕행이나 위대한 행위를 생각할 때, 그 행위를 수행하면서 만나지 않으면 안 되는 고통이라든가 장애를 생각하지 않을 수 없다.

(2) 주어가 3인칭인 경우

p. 17

1. 그 여자는 지금까지 결코 웃어 본 적이 없었다. 그러나 의사는 만일 누군가가 그녀를 웃게 한다면 좋아질 것이라고 말했다. 그래서 그녀의 아버지는 자기 딸을 웃기는 사람을 부자가 되게 해 주겠다고 온 나라에 알리게 했다.
2. 위대한 사람이 되고자 하는 자는 자기 자신이나 자신의 물건을 사랑하지 않아야 하며, 혹시 그 일을 자기 자신이 했든 남이 했든 간에, 단지 올바른 것만을 사랑해야 한다.
3. 설령 몇 가지의 작은 문제가 불만족스러운 상태로 남았다 해도, 세계 평화를 확실하게 하기 위해 할 수 있는 모든 대책을 강구할 예정이다라고 사람들은 말했다. 그들이 어떻게 의견을 모을지 온 세계가 숨을 죽이고 지켜보고 있다.

3. 구체적으로 번역하라.

p. 20

1. 나는 까마귀조였다. 그것은 초등학교 시절에 일어났던 일에 대한 나의 주요한 기억이다. 음악 시간에 노래하는 학생들은 세 그룹, 즉 나이팅게일조, 울새조, 까마귀조로 나뉘었다. 방문객들이 우리가 노래하는 것을 들으러 오면 까마귀조는 교실 밖으로 내보내졌다. 나는 왜 까마귀조인지 결코 이해하지 못했다. 노래 소리를 들을 때에 나는 꽤 노래를 잘 했던 것이다.
2. M25 고속도로는 1986년에 문을 열었다. 오늘날 사람들은 그 곳을 유럽에서 가장 큰 주차장이라고 부른다. 매일 아침 라디오에서 우리는 교통 체증, 도로 보수, 충돌 사건 그리고 M25 고속도로의 어느 곳을 피해 가야 하는지에 대해 듣는다. 어느 날엔가 우리는 “M25 고속도로를 중심으로 하여 양쪽 방향으로 교통 체증이 내내 일어나고 있습니다. 당신이 차를 몰고 일하러 가고 있다면, 차라리 집으로 다시 돌아가실 것을 충고합니다”라고 듣게 될 때가 곧 올 것이다.
3. 크레인 우주선은 앞으로 여러 면에서 우리를 도울 수 있을 것이다. 그것은 큰 망원경을 만드는 데 도움을 줄 수 있으며, 그러면 7배나 더 멀리 볼 수 있을 것이다. 그것은 우주로 날아가고 돌아오는 일을 되풀이할 수 있을 것이다. 그것은 또한 우주에 태양발전소를 건설할 수 있을 것이며 이런 발전소는 그것이 더 먼 거리를 비행할 수 있는 여분의 힘을 가져다 줄 것이다. 미래의 일이 어떻게 될 것인지 누가 알겠는가? 아마도 언젠가 그것을 타고 사람들이 달 주위를 관광하는 날이 올 것이다.

4. 창작력을 발휘하라.

p. 24

1. 그녀에게 뽑힌 여자아이들은, 과연 그녀가 그들에게서 어떤 자질을 보았는지 보통은 전혀 종잡을 수 없었다. 그리고 결국 자신들은 그녀와는 아주 다른 인간이라는 사실을 인정하지 않을 수 없게 되었다. 그들은 자주, 마치 자신의 주인에 대해 서로 논하는 완구처럼, 그녀 몰래 그녀에 대해 논했으며, 그녀는 굉장히 비인간적이라는 결론에 도달하기도 했다. 그렇지만, 그것은 그녀에 대한 경의를 더욱 증가시킬 뿐이었다.
2. 그림물감도 그림도 역시 실용적인 목적을 위해 만들어진 것임에 틀림없다. 또한 언어도 그 발단이 무엇이든, 실용적인 전달을 위해 발달한 것이다. 그러나 사람에게 그림물감이나 언어를 다루게 하면 바로 그 사람 마음속에 그림물감이나 언어 그 자체에 대한 기쁨, 즉 자신의 활동 분야를 탐구한다는 의식을 깨닫게 하지 않으면 안 된다. 이 의식이 창조 작업의 중심을 이루는 것이다.
(인간의 활동은 실용 목적이나 사회 요구에 근거하는 요소도 있지만, 반면 이것들을 떼어놓고 순수한 개인적 탐구 행위에 기쁨이나 관심을 느끼는 것으로, 그러한 의식이 모든 창조 행위의 중심에 있다고 하는 취지를 말하는 문장이다.)

5. 사소한 것도 놓치지 마라.

p. 28

1. 당신의 종교는 당신에게 지상에서의 완벽한 생활을 약속해 주는 것이 아니라, 고통을 견디어 내는 힘을 보장해 준다.
2. 그 사건 전체의 진상은 많은 거짓에 가려 밝혀지지 않고 있었다—다시 말해 본 기자가 달려와 그 진상을 파고들기 시작할 때까지는.
3. 아무도 들어오려고 하지 않는 황금 예배당을 나는 보았다. 그리고 참회하러 오는 많은 사람들이 울며, 슬퍼하며, 숭배 올리며 예배당 밖에 서 있었다.

   (단 하나의 콤마지만, 그 위치나 유무가 문장을 완전히 바꿔버리는 경우가 있다. 예를 들면, (a) I told him to while away the time(나는 그에게 시간을 한가하게 보내라고 말했다.) (b) I told him, to while away the time.(나는 심심풀이로 그에게 이야기해 주었다.) 또 (a) Many people stood without, talking and chatting.(많은 사람들이 이야기나 수다를 하면서 밖에 서 있었다.) (b) Many people stood, without talking and chatting.(많은 사람들이 이야기나 수다를 떨지 않고 서 있었다.) 콤마의 유무가 의미의 차이를 만드는 경우라면, 다음과 같은 것에 대해 확실히 구별해야만 한다. (a) He expressed his thanks naturally.(그는 자연스러운 모습으로 감사를 표명하였다.) (b) He expressed his thanks, naturally.(그는 당연히 감사를 표명하였다.) (a) I didn't do it, because it was difficult.(그것은 곤란했으므로 하지 않았다.) b) I didn't do it because it was difficult.(그것이 곤란하기 때문에 한 것은 아니다.) 다만, (a)의 의미 관계를 나타내는 경우라도 콤마를 사용하지 않는 경우도 있다. (b) 에서는 콤마는 결코

사용하지 않는다. Why, do you smoke?(어라, 너 담배 피니?) (a) The teacher says the student is a fool.(그 학생은 바보라고 선생은 말한다.) (b) The teacher, says the student, is a fool.(선생은 바보라고 그 학생은 말한다.)

4. 여성의 역할이 달라지기 시작했기 때문에 법적인 면과 전통적인 면 사이에서 많은 문제가 발생하여, 개중에는 해결되지 않은 채로 있는 것도 있다. 내가 걱정하는 것 중 하나는, 여성 중에 평생 독신으로 있고 싶지만 아이는 갖고 싶다고 말하는 사람들이 있다는 것이다. 그러한 아이들을 법적으로나 사회적으로 어떻게 간주해야 할까?
5. 그들은 그 지역에 높아지는 긴장을 완화하여 안전과 치안을 회복하기 위한 모든 대책을 논의하고 검토해 왔다. 그리고 마침내 평화회담을 할 때를 맞았다. 10년이 지나서 비로소 평화조약을 체결하여 사무친 원한을 극복하기로 합의했다.
6. 그러나 일상생활의 견지에서 보면, 우리들이 분명히 알고 있는 한 가지 일이 있다. 즉 인간이 이 세상에 존재하는 것은 남들을 위해서, 특히 그들의 미소와 행복에 따라서 우리 자신의 행복이 좌우되는 사람들을 위해서, 또한 그 사람들의 운명과 공감이라는 유대로 우리들이 결합되어 있는 미지의 무수한 사람들을 위해서 살고 있다는 것이다. 나는 나 자신의 생활이 얼마나 많이, 내 동료들의 노고 위에 세워지고 있는가, 또 내가 지금까지 받아온 만큼의 은혜에 보답하려면 얼마나 진실하게 노력해야 하는가를 하루에도 몇 번씩이나 절실하게 느낀다.

6. 외래어의 선택에 신중하라.

p. 34

1. 대학의 적성을 재는 척도로서, 책에 대해 넓은 호기심을 만들어내는 데 어느 정도 효과적인 역할을 하는가 하는 것 이상으로 결정적인 일은 없다.
   (테스트라는 문자가 통용되는 일은 「시험」이나 「검사」등의 의미를 나타내는 경우이며 「척도, 기준, 시금석」등으로 번역되는 경우에는 그 말을 쓸 수 없다.)
2. 되도록 한산해 보이는 한 가게가 있는 매장에서 다른 매장으로 돌아다니며, 귀가를 서두르지 않는 부인들이 매일 가게에 넘쳐나고 있다.
3. 갤빈은 모우를 대단히 존경했고, 이것이 모우의 딸에 대한 설명이되었다. 그가 론다 — 굉장히 매력적인 여성 — 를 이용하지 않았다 해도 그것은 부분적으로만 명예심의 문제였다.(그가 매우 멋진 아가씨인 론다가 자기에게 빠져 있다는 사실을 이용하여 그녀에게 손을 대지 않았다 해도, 그 주된 이유가, 그가 품행이 방정한 인간이라는 사실 때문은 아니었다) 섹스에 관해 갤빈은 거의 명예심을 갖고 있지 못했다.
   (만일 "그는 론다의 애정을 이용하지 않았다. 완전하게는 넉아웃하지 않았다. 그 이유 중에서 명예는 아주 일부만 차지할 뿐이다."라고 번역한다면 완전히 오역이다. 여기에서 knockout은 (남성의 마음을 넉아웃해 버리는) 매력적인 여성이다.)
4. 진공청소기 세일즈맨이 가정주부에게 시범을 강행하고 있었다. 우선 그는 커피 가루와 먼지, 오물을 소파와 거실 양탄자 위에 뿌렸다. 그리고 그는 "아주머니, 이 청소기가 빨아들이지 못하는 것은 조금

도 남기지 않고 제가 다 먹어치울 겁니다."라고 말했다. 그녀는 방을 나가기 시작했다. "어디 가십니까?" 세일즈맨이 소리를 질렀다. "스푼을 갖다 주려고요" 그녀가 말했다. "어제 토네이도 이후로 계속 정전이거든요."

7. 제약에 능동적으로 대처하라.

p. 39

1. A: 앞으로, 여자가 저렇게 울 땐 말이야, 결코 즐거운 게 아니야!
   B: 가자, 괜찮아.
   C: 쌍년! 서둘러 확 덮쳤어야 했는데.
   A: 뭐라고?
   C: 내 꺼나 빨라고 했다.
2. 4년 전쯤 토마스 교도소에 있었죠/ 어리석게도 차를 훔쳤어요/ 출옥하기 여섯 달 쯤 전에 새로운 죄수가 들어왔죠/ 엘모 블래치라고/ 덩치 크고 악질이었어요/ 같이 지내기 지겨운 인간 알죠?/ 절도로 6년 선고 받았죠/ 별별 도둑질을 다 했다고 했어요/ 신경질 나면 악을 쓰곤 했죠/ 쉬지 않고 떠들고/ 입을 다문 적이 없었어요/ 뭐든 다 말했어요/ 도둑질이건 여자 관계건/ 그가 죽인 사람까지 다요/ "엿 먹어라"가 입에 붙었죠/ 하루는 농담처럼 내가 물었죠/ 진짜 누굴 죽인 적 있냐구요.(영화의 대사이기에 이렇게 번역했으므로 참고하기 바람)
3. 음, 아마 공룡들은 현재의 파충류보다 새와 유사점이 더 많을 걸. 치골을 봐. 새처럼 젖혀져 있어. 척추골에도 새처럼 속이 빈 기낭이 잔뜩 있잖아. 게다가 랩터란 단어도 육식새란 뜻이거든. 네가 백악기 시대에 있다고 상상해 봐. 한 공터에서 저 2미터 짜리 칠면조를 처음

만났다고 하자. 그게 새처럼 머리를 까딱이며 움직이니까 넌 그것도 티라노사우스처럼 시력이 나빠서 가만 있으면 널 못 볼 거라고 생각하겠지. 그렇지만 천만에, 벨로시랩터는 달라. 네가 놈을 노려보면 그것도 너를 노려본단다.

4. 가까이든 멀리든 어느 곳에 있든/ 그대 마음만은 한결 같다는 걸 믿어요
그대는 다시 마음의 문을 열어/ 여기 내 맘 속에 들어왔군요
내 마음은 늘 그대를 향할 겁니다.
일단 사랑이 우릴 움직이면/ 일생동안 변치 않지요
우리 생을 다할 때까지 스러지지 않아요.

8. 문화차이를 항상 주시하라.

p. 45

1. A: '스타 트랙' 한다.
B: 그거 좋아하는 프로야.
A: 정말?
B: 응. 그 프로 팬이야.
A: 말도 안 돼. 나도 그런데.
(Trekkie는 속어로 SF텔레비전 연속 프로인 Star Trek의 팬을 말함)
2. A: 뭐가 정상이야? 그 빌어먹을 도슨의 청춘일기에 나오는 녀석들처럼 같이 침대에서 자고 그러는 게 정상이냐?
B: 아빠, 그게 정말 그런 게 아니라니까....
A: 말해두겠는데, 난 실상을 다 알고 있어. 다 안단 말이야. 네가 남자애하고 나가서 노닥거리는 건 용납할 수 없어! 그 녀석이 어떤 멋진 차로 태우러 오던지 난 상관 안 한단 말이야

(Dawson's river kids는 미국에서 한동안 인기를 끌었던 청춘드라마 이름이 Dawson's Creek인데 거기에 등장하는 틴에이저들에게 보수적인 아버지가 거부감을 갖고 잇기 때문에 creek인지 river 인지 관심 없는 척 river라고 말하고 있다. 또 411이란 전화번호는 모든 정보를 알려주는 번호이기 때문에 모든 정보를 알고 있다는 표현이 된다. getting jiggy는 흑인 rapper들이 많이 쓰는 말로 지그춤을 춘다는 말인데 보통 신체적 접촉이 심한 야한 댄스를 가리키기 때문에 아버지는 놀아난다는 의미로 쓰고 있다. 또 그 녀석이 태워주는 차가 마약을 하는 것처럼 얼마나 딸을 기분 좋게 해준다해도 아버지는 관심이 없다는 말이다)

3. A: 이봐요, 마틴. 우리 아파트 얻어 나가 살아요.
   B: 안 돼. 기억나. 군인 주택을 얻을 기회가 있었는데. 당신이 겁을 먹었잖아.
   A: 알아요, 하지만 일년 전이잖아요. 그땐 준비가 안 됐었지만. 지금은 달아요.
   B: 알다시피 나도 전적으로 찬성이야. 하지만 다시 그런 집을 얻으려면 적어도 일년은 기다려야 될 거야.(여기서 base housing은 군인들에게 정부가 제공하는 주택으로 기지주택이라고 한다. 협소한 공동주택의 형태이지만 무료이기 때문에 군출신의 서민들이 이용할 수 있는 주택이다)
4. A: 그녀는 갈 마음이 없었소. 당신이라면 험프리 보가드 같은 남자를 떠나겠소?
   B: 영화 카사블랑카처럼 술집 주인 정도는 별 볼 일 없죠. 속물로 보이겠지만 난 그런 여자예요.
   A: 결혼은 애정이 중요해요.
   B: 그 영화처럼 영부인 정도면 상관 없죠.
   A: 그가 고작 술집 주인이라서 아무리 좋아도 떠났다는 거군.

B: 물론이죠. 제대로 정신이 있는 여자라면 현실적이죠. 잉그리드 버그먼도 그래서 비행기를 탄 거예요.(과거의 명작영화 Casablanca를 감상하지 못한 사람들, 특히 젊은 세대들은 이해가 가지 않는 대화일 것이므로 적어도 이들이 영화 이야기를 하고 있다는 것을 알려주는 것이 좋다)

Part 2

1. 무생물주어

p. 53

1. 갑작스러운 제안으로 그곳에 있던 사람들은 충격을 받아 모두 아주 조용해졌다.
2. 우리들이 처음 만난 것은 잘 알려지지 않은 어느 도서관에서였다. 거기서 우리는 똑같이 대단히 희귀한 책을 찾는다는 우연한 일 때문에 가까운 친교를 맺게 되었다.
3. 운이라든가 하느님의 은혜가 인생의 많은 일에 관여하고 있는 것 같다. 그러나 그런 일들의 원인을 좀 더 깊이 검토해 보면 그 일들은 대부분의 사람들이 생각하는 것보다 훨씬 더 인간 스스로의 노력에서 비롯된다는 것을 알 수 있다.
4. 그의 뒤쪽에서 이상한 소음을 들었기 때문에 그는 더 빨리 걸었다. 굶주린 늑대들의 사나운 으르렁 소리가 이제 배가되자 그 노인은 무력감을 느끼기 시작했다. 그 동물들의 수는 시시각각 늘어나는 것 같았으며 마침내 그 뒤의 숲은 늑대로 우글거리는 것 같았다.
5. 나는 오늘 아침 내가 원하는 서류, 으레 호주머니 속에 있으리라고 생각한 서류를 찾으려고 저고리 호주머니에서 오래된 편지 한 뭉치를 끄집어냈다. 그것은 거기에 없었다. 나는 조금도 놀라지 않았다. 나는 호주머니에서 물건을 찾지 못할 때 결코 놀라지 않았다. 오랜 경험으로 해서 나는 호주머니에서 내가 원하는 것, 그리고 거기에 당연히 있어야 할 것을 찾는 것을 기대하지 않게 되었다.

6. 회사의 도산 소문으로 사원들은 불안을 품었는데, 대기업에 의한 흡수 합병으로 그들의 생활은 구제되고 불안도 없어질 것이다. 그 뉴스는 그들에게 있어서는 썩 환영받을 것은 아니지만, 어느 정도 그들의 불안을 없앨 수는 있을 것이다.

p. 56

무생물 주어와 같이 해석하는 경우

1. 김선생이 만들어 준 여행 계획은 대단히 좋다. 그는 계획을 잘 세운다.
2. 스미스 여사의 연설은 잘 정돈되어 있고 상당히 설득력이 있다. 당신보다 이야기를 능숙하게 한다.
3. 기운도 많이 떨어지고 피로도 심했으므로, 그녀는 의자에 앉아 한숨을 쉬며 눈을 감았다. 내가 묻자 그녀는 쓴웃음을 지으며 무슨 일이 있었는지, 어떻게 해서 고난과 장해를 극복해 왔는지 이야기하기 시작했다. 그래서 힘이 될 수 있는 이야기를 자주 들어주고 응원해 주려고 마음먹었다.

2. 소유격과 of

(1) 소유격

p. 60

1. 게릴라 부대가 그 도시를 점령해서 그 주변 지역은 대혼란과 무질서에 빠졌다.
2. 톨스토이가 여가를 싫어한 것은 그 자신이 젊었을 때 태만했던 경험과 그가 다른 부자들을 관찰했기 때문이다.

3. 산은 이 지구상에서 자연이 만든 가장 장대한 작품이다. 과학자들은 오랫동안 높은 산에 매혹되었다. 그들은 인간이 호흡하는 공기나 마시는 물이 원래는 화산에서 기인했을지도 모른다고 생각하고, 산의 구조에서 지구를 창조한 신비를 벗겨 보기를 희망한다.
4. 텔레비전 방송에는 가르치고 정보를 제공하고 우리 아이들의 능력을 향상시키고 신장시키고 확대해 줄 여지는 없는가? 프로그램이 우리 아이들이 다른 나라의 아이들을 이해하는 능력을 깊게 해 줄 여지는 없는가? 과거의 위대한 문학 작품들을 읽게 하고 그들에게 자유의 위대한 전통을 가르쳐줄 여지는 없는가?

(2) 명사 사이의 of

p. 64

1. 교육은 의식이 아니라 기회이다. 교육은 쾌활이 최고로 평가되는 시대에 쾌활을 희생하는 것을 의미한다.
2. 교육 문제들이 그 안에서 또 그것을 위해 행해지는 사회 조직과는 관계가 없는 것처럼 논의되는 적이 많다. 이것이 바로 교육 문제에 대한 대답이 흔히 불만족스러운 이유의 하나이다.
3. 여행자가 직면하게 되는 더 중요한 의사소통상의 문제 중 하나는 어떤 화자가 언제 '아니오'라고 말했나를 인식하는 것이다. 즉 우리는 화자가 요구했거나 간청했거나 제공한 것을 응답자가 거절했거나 부인했다는 것을 인식할 수 있을 필요가 있다. 이와 마찬가지로 우리는 어떤 것을 제공받거나 간청받거나 요구받았을 때 부정으로 답할 수 있는 적절한 예절을 습득할 필요가 있다.
4. 근년에 영화 구경이 감소되었지만 영화는 분명히 하나의 가장 중요한 새로운 커뮤니케이션(사회 교육)으로 남아 있다. 텔레비전이 생겨나서 영화 산업에 위기가 초래되었고 많은 영화관들이 폐쇄되었

다. 그러나 텔레비전 자체에 영화 재료들을 이용함으로써 텔레비전은 영화를 우리의 일상 생활의 일부분으로 만들었다. 어떤 종류의 영화를 접촉하지 않고 어느 한 주일이라도 그냥 지나쳐버리는 사람은 극히 적은 것이다.

3. 주어가 아닌 대명사

(1) 목적격, 소유격의 대명사

p. 69

1. 탐은 긴 논쟁 끝에 자신의 패배를 인정하였다.
2. 그는 악몽을 꾸고 있었다. 그는 그것이 나빠질 것이라는 것을 알았으며, 그것이 얼마나 나빠질 것인지를 감수했다.
3. 몇 사람의 매우 뛰어난 과학자들이 지구 내부의 열 이용에 관심을 가져왔다. 조만간 그와 같은 종류의 어떤 시도가 이루어지리라는 것은 거의 의심할 여지가 없다.
4. 누구를 위한 정부인가? 국회위원은 모두 국민의 이익이 아닌 자기들의 이익에 대한 것을 생각한다. 자기들의 활동이 얼마나 우리들의 복지를 위협하고 있는지 그들은 이해하지 못한다. 그래서 우리는 국민 투표를 해서 정기적으로 자기 평가를 하도록 제안하였다.

(2) 반복을 피하는 대명사

p. 72

1. 우리의 생각이나 가치관은 당연히 다른 민족의 그것과는 다르다.
2. 우리는 육체와 정신 사이의 관계가 대단히 밀접한 관계인 것을 잘 알고 있다. 그래서 육체가 얼마나 정신에 영향을 미치는가를 깨달을

때 건강이 도덕상의 의무라는 것을 인정하지 않으면 안 된다.

3. 그 연극에서의 내 친구의 연기는 주역의 그것 못지않았다. 유명한 배우의 연기가 반드시 무명 배우의 그것보다 훌륭하다고는 할 수 없다. 무명 배우의 연기는 이름이 알려진 배우의 그림자에 가려져 대체로 주목받지 못하여 제대로 평가받지 못한다.
4. 사람은 나이가 많아짐에 따라 말수는 더욱 적어진다. 젊었을 때에는 자기 자신을 이 세상에 다 쏟아 넣으려고 한다. 즉 사람은 타인들에 대해서 열렬한 동포애를 느끼며, 자기 자신을 그들의 품속에 내맡기고 싶어 하고, 또한 그들이 자기를 받아 주리라고 생각한다. 사람들은 남들의 마음속을 꿰뚫어보고 싶어 한다. 또한 강물이 바다에서 하나가 되는 것처럼 자기의 생명도 남들의 생명 속에 흘러 들어가 그네들의 생명과 하나가 되는 것처럼 보인다.

4. 관계대명사

(1) 관계대명사 앞에 콤마가 없는 문장

p. 77

1. 영웅적 행위로 통하는 것이지만 조금도 영웅적 행위가 아닌 것이 있다.
2. 담배를 피우는 방법은 다음과 같았다. 미국 인디언들은 그들이 수집한 담뱃잎을 불 위에 던지고는 그들의 입에 긴 튜브를 대고 그것의 다른 쪽 끝은 그 불 위에다 놓았다.
3. 돈은 소유하기에는 아주 훌륭한 것이지만 돈이 거의 없는 사람들이 얼마나 행복한가 하는 것은 놀라운 일이다. 그들은 대개 돈보다도 자기에게 좀 더 가치 있는 무엇인가를 가지고 있다. 그들은 사랑하는

일이라든가, 마음으로부터 즐길 수 있는 양서, 훌륭한 건강, 그리고 아마도 가족을 갖고 있는 것이다.

4. 이런 경우에 우리는 마땅히 하지 말았어야 했던 것이 이루어진 많은 것들을, 그리고 했어야만 했던 것이 이루어지지 않은 많은 것들을 생각하지 않을 수 없다.
5. 가정을 사랑하는 것이 당연하듯이 나라 사랑하는 것도 당연하다. 가장 가난한 가정이 때로는 가장 따뜻하게 사랑을 받듯이 가장 가난한 나라가 가장 사랑을 받는 수도 있다. 이 세상에 그 나라의 국민이 언젠가 나라를 위하여 기꺼이 고통 받고 목숨을 바쳐본 일이 없는 나라는 아마 없을 것이다.

(2) 관계대명사 앞에 콤마가 있는 문장

p. 80

1. 행복은 인생의 평범한 길을 따라 흩어져 있는 작은 기쁨들을 즐기는 깃에 놓여 있다. 하지만 우리는 어떤 크고 자극적인 기쁨을 너무 열렬히 찾는 나머지 이것들을 간과하기 쉽다.
2. 그의 아버지는, 그가 매우 애착을 느끼고 45년을 함께 살아온 사람으로, 런던의 한 이발사였다. 그의 어머니는, 그가 애정을 갖고 있지 않은 여자로, 종내 미쳐버린 사나운 기질의 여자였다.
3. 이 시대는 우리가 좋아하든 않든 난관과 문제들로 가득 차 있다. 그런데 아마 이와 같은 것들을 다른 시대에서는 결코 직면한 일이 없을 것이다. 그들은 매우 엄청나게 어려우며, 우리들이 갖는 느낌은 이것들의 해결에 우리가 할 수 있는 일이 얼마나 적은 가이다.
4. "이제 명사들을 찬양합시다"라는 것이 역사가의 좌우명이었다. 그는 "아울러 우리를 낳아주신 조상을"이란 말을 덧붙여 발하기를 잊었다. 그는 무명인사들과 대다수의 인류활동을 면밀히 조사하기를 꺼

려했다. 하지만 이 세상의 번영은 그들의 꾸준한 노고 위에 세워진 것이며, 그들은 역사가가 찬미하는 명사들에 의하여 세워진 정치적 및 헌법상의 조직의 숨겨진 기초였다. 보통 사람들에 대해서 말했더라면 역사의 위신이 손상되는 것이었을 것이다.

5. 수동태

p. 85

1. 모든 문학은 아이들의 독서 범위 내에 든다는 것을 확인하기 위해서 주의를 해야 한다.
2. 곧 비는 심하게 내렸다. 바람도 불었다. 나는 교외의 산책에서 집으로 돌아오는 길이었는데 흠뻑 젖었다. 아주 많은 사람들도 역시 비를 만나서 젖고 말았다.
3. 그 당시에는 그가 아직 결혼하지 않았지만 2년 뒤에 결혼하게 되었다. 그는 첫 번째 부인에 대해서 이야기를 한 적이 없었다. 그녀에 대해서 적으나마 내가 알고 있는 것을 알게 된 것은 남들을 통해서였다.
4. 내가 가르치는 한국 학생들이 쓴 영어 작문을 채점할 때 나는 그들이 보여 주는 이상한 시적인 문체를 보고 가끔 놀라는 일이 있다. 아마 이것은 한국어의 관용어를 영어로 직역했기 때문에 일어나는 것이겠지만, 그것이 지극히 아름다운 효과를 나타낼 때가 가끔 있다. 사실을 말하면, 나는 이러한 이국적인 문체의 매력에 매혹될 때가 가끔 있다. 사실 나는 한국 학생들이 영어를 쓸 때에 보여주는 독창력과 창안의 재능에 감동을 받을 때가 가끔 있다.
5. 미국 가정에서는 보통 중요한 결정을 내리는 데 부부가 함께 참여한다. 자녀들이 나이가 차면 그들도 참여한다. 외국인 관찰자들은 미국

인 부모들의 허용성에 대해 놀라는 일이 흔하다. "아이들은 모습은 보여도 말은 못하게 하라"는 옛 규칙은 지키는 일이 드물며 아이들은 부모의 엄격한 통제를 받지 않고 그들이 바라는 것을 하는 것이 흔히 허용된다. 아버지는 자녀가 무조건 자기를 따르기를 기대하지 않으며 아이들은 어린 나이에 독립하는 것을 권유 받는다.

6. 부정사

p. 91

1. 작가의 관심을 끄는 것은 인간 생활이라는 사실뿐만 아니라 인생을 느끼는 것이다. 문체라든가 배경이라든가 제목이 무엇이든 간에 작가로서의 일은 신비를 추구해서 바로 그 근원까지 쫓아가려고 하는 것이다. 적어도 그렇게 해보려고 노력하는 것이다.
2. 그녀는 드디어 일어나 방안을 이리 저리 실없이 걷기 시작했다. 그녀는 창 가까이 걸려 있는 삭은 헌 거울 앞에서 거울에 비치는 자기 모습을 바라보았다. 그녀는 달리 보이고 변했기를 기대했었다.
3. 내게 주어진 성공의 한 가지 커다란 비결은 의심할 여지없이, 세밀하고 작은 부분에까지 세심한 주의를 기울이는 나의 오랜 평생의 습관이다. 나의 주의를 끌지 않을 만큼 작은 것은 아무 것도 없었다. 대부분의 젊은이들이 생각하는 것들이 나에게는 사소한 일이 아니었다.(내가 주의를 끌지 않을 만큼 작은 것이 아니었다: not- too- for- 도 not- too- to-와 같은 의미다)
4. 성서는 그 자체로서 한 권의 책 속에 한 민족의 생애를 유일하게 완전히 표현한 것, 즉 시와 사상과 상상적인 기록을 한 곳에 뒤섞은 그 민족의 신앙심과 역사이다. 그처럼 수세기에 걸쳐 여러 나라 사람들 사이에서 그 자체를 생명의 언어가 될 수 있게끔 하는 힘을 갖고

있는 책은, 민족을 표현하는 수단 중에서 인간이 가지고 있는 가장 위대한 수단 중의 하나로 간주되어야 한다.

5. 소년 시절에 아주 일찍이 나는 내 멋대로 재미있게 놀기 위해 혼자 돌아다니는 버릇이 들었다. 몇 해가 지난 후에 내 나이가 열두 살쯤 되어서야 이 별난 버릇이 얼마나 어머니를 걱정하게 했던가를 어머니가 말해주었다. 어머니는 아이들이 무엇을 하고 있는 지 보기 위하여 밖을 내다보다가 내가 없는 것을 알아차리곤 했으며, 그래서 나를 부르고 찾았으며, 결국 농장의 먼 곳 어딘가에 숨어 있는 것을 발견했다. 그리고 나서 어머니는 나를 살피기 시작했고 내가 살짝 빠져나가는 것이 발견하고는 몰래 뒤따라와서 살피곤 했다.

7. 동명사

p. 98

1. 내가 그것을 싸고 있는 두꺼운 갈색 종이를 벗겨 보니까, 보라! 매우 많은 물감과 여러 가지 크기의 붓이 들어 있는 물감통이 나왔다.
2. 나는 지금까지 행복하지 않았다. 도대체 행복이란 무엇일까? 순간이다! 정말 순간이다! 내가 자신의 인생에서 정말로 즐거웠던 일은, 여름날 정오가 조금 지난 무렵, 양지에서 정신없이 자는 일 뿐이었다.
   (만약 영문의 동사부분이 has gone to sleep이었다면 적어도 「정신없이 자버렸다」라는 부분은 원문과 대응할 것이다. going은 물론 현재분사가 아니라 동명사로, 「자신의 인생에서 정말로 즐거웠던 일은 양지에서 자는 일뿐」임을 말하는 것이다.)
3. 이 나라 안에 살고 있는 우리가 이 나라를 위대하게 만들, 또 우리와 우리의 후손이 마땅히 자랑으로 삼을 만한, 어떤 업적을 행하지 않고

서는, 우리 조국에 대해서 자랑하는 체하면서 조국이 위대하다고 아무리 떠들어보아도 소용없는 노릇이다.

4. 현대 과학의 시대가 약 300년의 역사를 지니고 있음에도 불구하고 우리는 그것이 무슨 뜻인지를 결코 모르고 있다. 그래서 3000년 전에 오히려 지금보다 훨씬 더 어울렸음직한 사고방식을 유지하고 있다. 어떤 과감한 조치가 취해지지 않고서는 이것은 인간의 자멸을 초래할 것이 점점 뚜렷해져 가고 있다. 종교적 지도자들은 종교 부흥의 필요성을 역설하는데, 마음의 변화만이 문명을 파멸로부터 구할 수 있을 것이다.

8. 분 사

p. 104

1. 파란 선글라스를 쓰고 있는 훼니는 아무 것도 눈치채지 못하고 귀여운 목소리로 재잘재잘 수다를 떨고 있었다. 포터는 앞에 서서 쌓아 올려진 가방을 밀고 갔다. 호텔 콘테서의 안마당까지 왔을 때에는 그도 대충 안정을 되찾고 있었지만 그의 동요된 마음은 아직 진정되지 않았다.
2. 그 발견이 독창적이면 일수록, 우리는 그 예술가가 뛰어나다고 생각한다. 물론 예술가가 명확하고 효과적으로 전달할 수 있을 만한 기술을 갖고 있다는 것을 전제로 하고 있지만.
3. 그가 세상을 떠난 지 50년이 못되어 자연의 문이 열리고 우리는 선택이라는 두려운 중책을 맡게 되었다. 일찍이 하나님께 돌렸던 많은 권능을 우리 인간이 빼앗아 왔다. 두렵고 아무런 준비도 없이 우리는 모든 생물계의 사활을 지배하게 되었다. 위험, 영광, 그리고 선택은 드디어 인간에게 달려 있다. 인간이 과연 완전한가를 시험할

때가 가까이 다가왔다.

4. 오늘날의 옥스퍼드는 동시에 두 개의 매우 다른 장소가 되는 것에 성공하면서 모순을 이룬다. 그것은 한편으로는 번영하는 산업도시로서 그것의 경제는 자동차의 제조에 특별히 관련되어 있고, 또한 그 도시의 전망은 미래를 향하여 고정되어 있다. 그와 동시에 옥스퍼드는 영연방에서 대표적인 두 대학 도시 중의 하나로 그 뿌리를 과거 속에 굳건히 박고 있다.
5. 어떤 형태의 종교적인 신념은 사실상 보편적이다. 이러한 믿음은 살아있는 사람들과 죽은 사람들 사이에서 발견되는 차이점에 입각하고 있다고 제시되어 왔다. 왜냐하면 숨 쉬는 것이 멎고 체온이 내려가는 것은 영혼이 육체에서 떠나가 버린 결과라고 추정할 수 잇기 때문이다. 겉으로 보기에 논리적인 이 가정은 그 중에서도 특히 육신 세계의 꿈, 그리고 그것의 힘의 무지 등과 결합하여 모든 종교에 기본이 되고 있다고 생각된다.

9. 비교구문

(1) 원급

p. 109

1. 내가 의무로 여기는 어떤 것을 수행하는 문제에서 나는 누구 못지않게 불편을 참을 각오가 되어 있다.
2. 사람이 먹는 빵치고 자신의 노력에 의해서 번 것만큼 그렇게 달콤한 게 없다는 것은 틀림없는 사실이다. (자신의 노력으로 번 것이 최고로 달콤하다는 것은 틀림없는 사실이다.)
3. 그 후에 그의 얼굴이 씻겨지고 훌륭한 옷이 입혀졌다. 그랬더니 그는 지금까지 런던의 거리를 활보한 어느 누구 못지 않은 멋쟁이 젊은이

가 되었다.

4. 들 뜬 생활을 하는 젊은이들에게 화를 내는 것은 목표 없이 뛰어다니며 서로 뒹굴며 꼬리를 좇아가는, 한 배로 태어난 강아지에게 화를 내는 것만큼 어리석은 일이다. 그들이 꽃밭을 엉망으로 만들고 도자기 하나를 깨뜨려도 꿋꿋하게 그것을 참는 것이 좋다. 그 강아지 중에 몇 마리는, 여러 가지 점이 표준까지는 미달되기 때문에 물에 빠져 죽고 말 것이며, 나머지들은 자라서 행실이 좋은 개가 될 것이다. 그들이 난폭한 것은 젊음이 가지는 활기 때문에 그런 것에 지나지 않는다.

(2) 비교급

p. 112

1. 우울증은 큰 야망이나 소원을 성취하지 못하는 데서보다는 오히려 사소하고 필요한 행동을 할 수 있는 능력이 없기 때문이다.
2. 사랑이 없는 집은 성이나 궁전은 될지 모르지만 가정은 되지 못한다. 사랑은 참다운 가정의 생명이다. 사랑이 없는 가정이 가정이 되지 못하는 것은 정신없는 육체가 인간이 되지 못하는 것과 같다.
3. 여러분은 근대사를 읽을 때, 국민에게 지성이 있고 교양이 있으면 있을수록, 다시 말해서 무지하지 않으면 않을수록 그 나라의 외교정책은 더욱 현저하게 정의, 또는 정의와 흡사한 것을 특성으로 한 경향이 있다는 사실을 깨닫게 될 것이다.

(3) 최상급

p. 116

1. 그는 천성이 탐욕스러웠다. 아무도 그만큼 더 돈을 사랑하고, 돈을 가진 사람을 더 존경한 사람은 없었다.
2. 사람이 결코 자랑할 수 없는 것은 자기 힘으로 발견한 아주 미미한

지식의 일부를 제외하고는 자기의 지식이다. 왜냐하면 남에게 돈 한 푼을 받았다고 해서 자랑할 수 없는 것과 마찬가지로 지식 하나를 얻었다고 해서 자랑거리가 될 것은 하나도 없기 때문이다.

3. 그 개는 생애에서 단 하나의 임무, 즉 달갑지 않은 침입자로부터 자기 주인을 보호하는 임무를 갖고 있다고 확신한다. 그래서 침입자 — 상상의 침입자라도 — 의 아무리 사소한 징조에도 그는 전력을 다하여 짖는 습성이 있다. 그의 귀는 — 그이고 그의 상상력은 — 특히 밤에 예민하다. 그리고 몇 몇 개들 특히 더 작은 개들은 이 점에서 너무 열성적이어서 그들의 주인에게 좋은 밤의 휴식을 거의 허락하지 않는다.

10. 가정법

p. 119

1. 화를 내는 것이 항상 잘못된 것은 아니다. 화를 내지 않으면 잘못인 경우들이 있다.
2. 너는 무엇인가가 잘못되었다고 즉시 말했어야 한다고 말하지만 확실히 알지 못한다면 나는 그렇게 말하지 않겠다.
3. 나의 유일한 소망은 새로운 웹스터 사전 3권을 사는 것이었다. 새 사전 한 권만 있었더라도 적절했을 것이지만 오랫동안 동시에 3권의 사전을 갖는 것이 나의 소망이었다.
4. 나는 공부를 좋아했다. 왜냐하면 모든 선생님들이 한결같이 잘 가르쳐 주셨기 때문이다, 안나라고 하는 여선생님은 그녀가 같이 있어 주면 원기가 솟아나는 것처럼 보이는, 명랑하고 열심히 공부하는 반을 맡고 있었다. 그분은 우리들에게 영어를 가르쳐 주셨는데 만일 그 분이 없었다면 우리들은 이 과목이 지루한 문자 해석 이상의

어떤 뜻을 가지고 있었는지를 깨닫지 못했을 지도 모른다. 그분은 우리들의 눈을 뜨게 해 주셨고, 우리들은 일종의 귀족계급이나 되는 것처럼 느꼈다. 왜냐하면 우리들은 자발적으로 선생님을 위한 일을 했기 때문이다. 그 선생님은 뛰어난 여자였음에 틀림없다.

5. 마지막 발자국 소리와 마지막으로 구르는 마차 바퀴소리가 멀리 사라졌다. 그 후의 적막을 깨뜨리고 적에 의해서 점령된 지점에서 새로운 사격이 일어나는 일은 없었다. 독일군은 프랑스군이 퇴각한 것을 알고 있었다. 몇 분이 지나면 독일군은 버려진 그 마을을 점령할 것이다. 만일 그들이 접근해오는 요란스러운 소리와 흥분이 있다면 오두막집에서 들을 수 있을 것이다. 그동안 무서운 고요가 계속되었다. 부엌에 버려진 불쌍한 병사들까지도 조용히 자기 운명을 기다렸다.

11. 부정구문

(1) 관용적인 부정구문

p. 124

1. 젊은이들이 단련해서 미덕의 습관을 갖게 하는 것의 중요성은 아무리 높게 평가해도 부족하다. 젊은이들에게는 이 습관들이 아주 손쉽게 형성되며, 일단 몸에 지니게 되면 일생 동안 그 습관을 간직하게 된다.
2. 남자가 다른 남자와 거의 다르지 않을 때, 그리고 여자가 다른 여자와 거의 다르지 않을 때, 그 밖의 다른 누구와 결혼하지 않았던 것을 후회할 특별한 이유는 없다.
3. 부자들과 권력이 있는 사람들을 부러워하는 사람들이 많다. 그들은

운이 좋다고 생각된다. 왜냐하면 그들은 좋아하는 것을 할 수 잇고 또한 하고 싶은 것을 할 수 있으니까. 그러나 부자가 반드시 행복한 것은 아니다.

4. 어떤 바보라도 때로는 남에게 지혜를 빌려줄 수 있고, 또한 아무리 사려 분별이 있는 사람이라도 자기 자신의 지혜 이외에 남의 지혜를 빌리지 않으면, 흔히 잘못을 저지르기 마련이다. 그러나 자기만의 지혜로 사려 분별이 생긴 사람은 거의 없으며 자기만의 학문으로 사물에 밝아진 사람도 거의 없다. 왜냐하면, 혼자 힘으로 학문을 한 사람은 바보를 자기 선생으로 삼는 것이 되기 때문이다.

(2) 부정어 없는 부정문

p. 127

1. 인간이 날 때부터 평등하다는 것은 결코 옳은 말이 아니기 때문에 두 사람이 반 시간 동안 같이 있게 되면, 반드시 한 쪽이 다른 쪽보다 우월해 진다.
2. 나는 많은 한국 학생들이 대학 생활의 많은 시간을 정치 조직에 바친다는 것을 알고 있다. 이것은 나에게 새로운 것이 못된다. 나는 나이든 사람이나 젊은 사람에게나 정치에 관한 견해를 지시하고 싶은 마음은 조금도 없다.
3. 행운아로 태어나는 사람도 잇고 그렇지 못한 사람도 잇다. 그러나 전자가 반드시 성공으로 가는 확실한 대로에 놓여 있는 것은 아니다. 후자가 반드시 실패할 운명에 놓여 있는 것도 아니다. 성공의 기회는 그것이 나타났을 때 그 기회를 붙들지 못하는 자에게서는 도망쳐 버린다. 성공은 자신의 불리한 점을 최선으로 이용할 줄 아는 자의 편에 서 있을 때가 많다.
4. 그런데 올바로 즐기기 위해 도보여행은 혼자 가야 한다. 떼를 지어

가거나 혹은 심지어 짝을 지어 간다고 면 그것은 명목상 이외에는 결코 도보 여행이 아니다. 그것은 다른 무엇이며 차라리 소풍의 성격을 갖는다.

12. 강조문

(1) It is ~ that의 구문

p. 130

1. 바로 젊은 시절에 성인남녀의 성격을 결정하고 행복이나 입신 출세와 크게 관계가 있는 습관을 만드는 것이다.
2. 대체로 바로 게으른 사람들이 자신이 원한다고 생각하는 것을 할 시간이 없다고 불평을 한다. 사실, 사람들은 대개 그들이 하고 싶은 것을 할 시간을 낼 수 있다. 사실상 시간이 아니라 바로 의지가 부족한 것이다.
3. 숲의 그림자가 호수를 가로질러 멀리 뻗고 어두워 가는 호수의 수면이 잔잔해져서야 비로소 우리는 마지못해 바구니에 그릇들을 챙겨 가지고 집으로 향했다. 우리들의 등 뒤에는 붉게 물든 저녁놀이 차츰 사그러져 갔고 안개가 유령처럼 아래 골짜기에 슬며시 깔렸다. 하늘에는 은빛 달이 떠올라서 곧 금빛으로 변했다.

(2) 도치문

p. 133

1. 그 작가는 어느 날 아침 전날 저녁에 자기에게 보내진 얼마의 꽃을 즐기고 있었다. 그 꽃들 속에는 튤립 몇 송이가 있었는데, 그 하나로부터 꽃이 필 때 꿀벌 한 마리가 나왔다.

2. 이기적이라는 것은 마치 자기가 다만 자기만을 위해서 존재하고 있으며, 타인은 모두 자기를 위해 존재하고 있는 것처럼 살려고 하는 사람의 시도라는 것을 우리는 알았다.
3. 민주국가에 있어서 시민의 권리와 똑 같이 중요한 것은 시민이 해야만 하는 의무이다. 때때로 사람들은 자기가 가진 권리에 대해서는 지나치게 말을 많이 하고, 이것에 대응하는 의무에 대해서는 잊어버리고 만다.

(3) 강조적인 의미를 나타내는 말

p. 135

1. "어떤 제안이라도 고맙게 여길 것이다"라고 사장은 슬픈 표정을 지으며 말했다. 경영자 측은 이 재정 위기를 극복하기 위해 가능한 모든 노력을 해오고 있는 중이다.
2. 스탭 전원이 신청을 받아들이는 데 난색을 표했다. 왜냐하면 모든 신청이 내용에 다소 차이가 있기 때문이다. 그래서 그들은 전원이 자신의 직무를 충분히 납득할 수 있도록, 발생할 수 있는 모든 문제를 토론하기 위해 이번 주 중으로 회합하기로 되어 있다.
3. 누구나 다 베토벤 같은 천재가 될 수 있는 것은 아니고, 우리 모두가 아인슈타인처럼 수학에 재능이 있는 것은 아니다. 당신도 나도 베토벤 같은 위대한 업적은 달성할 수 없지만, 베토벤도 당신이나 내가 지금 하고 있는 일을 그렇게 잘해 나갈 수는 없을 것이다. 누구에게나 타인에게 뒤지지 않는 장점이 있는 법이다.

13. 시 제

p. 140

1. 나는 결코 부자도 아니고 앞으로도 부자가 될 리 없지만 다음 식사가 어디서 나올지 의아하게 생각하는 의미에서는 지금까지 결코 가난해 본 적이 없다.
2. 월요일부터 쭉 행방불명이 되어왔던 7살짜리 소녀가 무사히 발견되었다. 그녀는 학교에서 집으로 돌아오는 도중에 한 남자에게 유괴되었다. 소녀는 그 남자를 전에 어딘가에서 본 적이 있었다고 말했다. 그 유괴범은 아직 잡히지 않았다.
3. 경험을 쌓아서 이익을 얻기 원하는 자는 누구나 남에게 도움을 요청하는 것을 절대로 부끄럽게 여기지 않는 법이다. 자기 자신은 이미 너무나도 슬기로워서 남한테 배울 것이 없다고 생각하는 사람은 좋은 일이든 큰 일이든 간에 제대로 해 놓지 못한다.
4. 기성복의 제조는 남녀 옷의 모든 형태에 다할 나위 없이 큰 혁명적인 영향을 미쳤다. 물론 이 혁명에 있어서 재봉틀이 발휘한 역할은 중요한 것이었지만, 그 혁명은 재봉틀이 발명되기 수년 전에 이미 시작되고 있었다. 미국이 이 재봉틀을 개발하는데 책임이 있었던 것처럼 이 나라는 기성복을 제조하는 데에도 주도권을 잡았던 것처럼 보이며 또한 그 후 오늘날까지 타의 추종을 불허하며 그 지위를 유지해왔다.

14. 화 법

p. 144

1. 그녀는 이웃집 사람에게 미크래햄 부인을 아느냐 그리고 최근에 그녀를 본 적이 있느냐고 물었다.
2. 그 남자는, 좀더 빨리 올 작정이었지만 교통 상태가 매우 안 좋았다며 우리들을 오래 기다리게 한 것에 대해 사과하였다. 그러나 나는 그것이 처음이 아니었으므로 좀더 시간을 지키라고 말했다.
3. 시끄러운 소리가 들려왔다. 그는 현관으로 뛰어갔다. 다음 순간 두 사람이 그의 곁을 스쳐 지나갔는데 한 사람은 팔 밑에 무엇인가를 끼고 있는 것 같았다. 그게 이 상자임에 틀림없어! 그러니까 그들은 보물을 옮기려고 하는 거야. 지금 톰을 큰 소리로 불러야 하나? 아니, 그건 어리석은 짓일 거다. 그 사나이들은 달아나서 다시는 발견되지 않을 것이다. 내가 뒤쫓아가야만 한다.

15. 생 략

p. 147

1. 벌어들인 돈이란 머리가 좋고 나쁜 것을 재는, 일반적으로 인정받고 있는 척도이다. 돈을 많이 버는 사람은 영리한 사람이고 벌지 못하는 사람은 영리하지 못한 사람이다.
2. 영국의 남성과 여성 들 다에 있어서 결혼은 부모 곁을 떠나 자기 자신의 생활을 시작한다는 것을 의미한다. 이 때부터 쭉 남성의 첫째 의무는 자기 아내에 대한 것이 될 것이며 아내의 첫째 의무는 자기 남편에 대한 것이 될 것이다. 그는 그녀의 재정상의 부양에 대해

전적으로 책임을 질 것이고 아내는 새로운 가정을 운용해 가는 데 대해 전적으로 책임을 질 것이다. 아이들은 그들의 공동 책임이 될 것이며 둘만의 책임이 될 것이다.

3. 영국에서 잔디는 일 년 내내 완전히 초록색이며 결코 색을 바꾸지 않는다. 잔디와 마찬가지로 영국인들은 변화를 싫어한다. 최근에 세계는 많은 분야에서 큰 변화를 겪었지만 변화와 혁명은 영국인들이 수세기 동안 가장 싫어해왔던 것이다. 그들은 변화가 아니라 전통을 사랑한다. 혁명이 아니라 진화를 사랑하는 것이다.

16. 삽 입

p. 150

1. 내가 가진 모든 진기한 책들은, 정말 몇 권 안 되는 것들인데, 네가 마음대로 쓰게 될 거다.
2. "그럼 정말 안 갈 거야?"하고 딕이 말했다.
   "네, 정말 안 갈래요. 오늘밤은 좀 할 일이 있어요."
   "최근에 마이크를 만났니?"
   딕이 재빨리 물었는데, 그는 선례나 이유는 없지만 내가 그에게 엘리자베스 시대 연작 소네트에 관해 강의하듯 일장 연설할까 늘 두려워했다.
   "몇 주일이나 만나지 못했어요" 나는 말했다.
3. 시계의 출현은 영국의 사회생활에 비록 점진적이기는 하나 커다란 변화를 가져왔음에 틀림없다. 그것이 끼친 영향은 개인적인 약속을 지킨다는 일, 그리고 군대의 공격 개시와 같은 일처럼 성질이 매우 다른 일들에서 틀림없이 느끼게 되었을 것이다. 하늘을 쳐다보던 것이 시계의 문자판을 쳐다보는 것으로 바뀐 것이다.

4. 금전과 부의 구별은 지난 수년 동안 우리를 뼈저리게 납득시켜 온 것이다. 많은 사람들이 오늘날 2차대전 전보다 두 배의 소득을 누리고 있지만 물가 수준의 상승 때문에 생활은 낫다 하더라도 전보다 거의 낫지 못하다. 어째서 이렇게 되고 말았을까? 누가 돈의 가치를 결정하고 또한 어째서 그 가치가 길이의 야드라든가 무게의 파운드와 같이 언제나 일정하지 못할까?

17. 명 사

p. 156

1. 기억에 빠지다니! 얼마나 이상한 관능에 빠지기 쉬운 인간인가! 아마도 기억의 탐닉자일까? 하지만 비난받을 일도 없겠지. 나는 어차피 있는 그대로의 나인 걸.
(작중 인물의 이른바 「의식의 흐름」을 묘사한 문장이므로, 「묘출화법」으로 불리는 형식이 사용되고 있다. 따라서 영문에서 he로 되어 있는 것을 「나」라고 1인칭으로 번역하는 것은 옳다. 그런데 bird는 「새」 외에 「사람」을 나타내는 경우가 있는데, 여기서도 그런 경우다. 이와 유사한 표현에는 card, fish 등이 있다)
2. 어렸을 때 나는 안 주인이 안 보이는 데서는 그 여자에 대해 아주 심한 욕을 하다가 그 여자가 방에 들어오자마자 만면에 웃음 띠고 매우 굽신거리면서 자리를 내 주곤 했던 노신사를 한 분 알고 있었다.
3. 영국인보다 더 자주 토의되어 온 국민은 거의 없었다. 인간 사회사에 있어서 수세기 동안 영국은 주요한 세계 열강의 일원이었다. 영국인들은 자주, 또 여러 분야에 있어서 지도자였으며, 주목할만한 진보의 귀중한 공헌자였다.

4. 그 일만을 백 번이나 생각하고 있는 사이에 그는 그곳의 모퉁이를 돌아가려다 주차중인 검은 색 메르세데스 벤츠에 하마터면 충돌할 뻔했다. 그는 운전석에 있는 검은 옷차림의 사람이 발렌시아에서 마드리드까지 긴 거리를 달려 왔기 때문에 잠깐 쉬고 있는 참이구나 하고 생각했다.

18. 관 사

p. 159

1. 얼마 후에 크고 하얀 오리 한 마리가 그에게로 헤엄쳐 왔다. 그 오리는 노란 다리를 갖고 있었는데 어기적어기적 걸어가는 것 때문에 대단한 미인으로 생각되었다.
2. 한 남자가 말했다. "당신 벽에는 피카소 그림이 한 장도 없는 것이 눈에 띕니다. 그 까닭은 무엇인가요? 당신은 그 그림을 좋아하지 않습니까?" "정반대죠. 내가 그 그림들을 가질 여유가 없다는 것이 옳은 말이겠지요"라고 피카소는 대답했다.
3. 그리고 눈이 왔다. 눈이 온 다음에는 서리가 내렸다. 가로는 마치 은으로 만든 것처럼 보였고 밝게 빛나고 있었다. 모든 사람들이 털옷을 입고 돌아다녔으며 어린 소년들도 빨간 모자를 쓰고 빙판에서 스케이트를 타고 있었다.
4. 지금까지 자기에게 일어난 재앙은 대개 감정의 노예가 되는 일에서 일어났다고 그는 생각했다. 좋다, 앞으로는 속담대로 「잘 보고 나서 뛰어오르기」로 하자. 핵심은 이성과 감정이 협력하여 함께 작용하게 하는 것이다. 두 가지가 서로 다른 방향으로 달아나 자신이 그 가운데서 찢기는 일은 없도록 한다. 머리 쪽에 주도권을 주어 사태를 판단하고, 머리가 「뛰어」라고 하면 전력을 다하여 뛰는 거다.

(command에 부정관사 a가 붙어 있었다면 「명령」으로 번역했겠지만 a가 없으므로 문장의 뜻은 전혀 다르다. command는 가산명사로서는 「명령」의 뜻으로 order와 같지만, 불가산명사로서는 「지휘[권], 총 비율[권], 지배, 억제」등의 의미를 지닌다.)

19. 전치사

p. 164

1. 그것으로 인해 우리는 세계의 물질적이고 사회적인 현상에 대해 어느 정도의 지배나 통제를 행사할 수 있다.
2. 학교에 가서 일주일도 되지 않아 그는 향수병이 났다. 그의 선생님과 친구들이 할 수 있는 모든 일을 다 했으나, 그의 슬픔은 너무 깊어, 타일러 없앨 수가 없었다.
3. 과학이란 다양성을 단일성으로 환언시키는 것이라고 정의할 수 있을 것이다. 과학은 어떤 특수한 현상에서 보이는 특이성을 무시하며 이런 현상이 공통적으로 가지는 것에 주의력을 집중시키고 끝에 가서 어떤 종류의 법칙을 추상함으로써 자연계의 끝없이 서로 다른 현상을 설명하고자 하는 것이며 이런 법칙에 비추어 봄으로써 비로소 현상이 의미를 가지며 또 유효하게 설명될 수도 있다.
4. 그녀의 구독지는 소유주가 바뀌는 데 따라서, 그녀나 그 친구들이 크게 당혹스럽게도, 이제 신사복이나 부인복, 여성 감정이나 어린이 콩쿠르나 부인으로부터의 불만을 나타내는 편지란과 같은 기사만 많아져서, 뉴스다운 뉴스는 제1면을 제외하고는 다른 어떤 부분에서도 몰아내 버리거나 어디 눈에 띄지 않는 구석으로 내몰아 버려 찾아내기가 불가능하게 되었다.

20. 대명사

p. 169

1. 세계에서 제일 좋은 대학의 가장 훌륭한 선생이라 할지라도 학생에게 소양(교육)이라는 것을 줄 수는 없다. 예를 들어, 선생은 소양을 캐낼 수 있는 광산으로 학생들을 인도하고 적합한 연장을 주어 이것을 사용하는 방법을 가르쳐 줄 수는 있다. 선생은 학생이 실의에 빠져 있을 때 격려하고 박차를 가해서 더 한층 힘있게 노력하도록 할 수는 있다. 그러나 학생은 자기 힘으로 캐내는 것만큼의 귀금속을 자기 것으로 할 수 있을 뿐인 것이다.
2. 이 세계는 비참한 상태에 놓여있다. 세계를 인간이 사는 데 꼭 알맞은 장소로 만드는 것은 내일의 시민인 여러분들의 책임이다. 전쟁을 없애고 생활필수품이 모든 인류에게 돌아가도록 하는 것이 여러분의 책임이다.
3. 사람은 나이가 많아짐에 따라 말수는 더욱 적어진다. 젊었을 때는 자기 자신을 이 세상에 다 쏟아 넣으려고 한다. 즉 사람은 타인들에 대해서 열렬한 동포애를 느끼며, 자기 자신을 그들의 품속에 내맡기고 싶어 하고 또한 그들이 자기를 받아 주리라고 생각한다. 사람들은 남들의 마음속을 꿰뚫어보고 싶어 한다. 또한 강물이 바다에서 하나가 되듯이 자기의 생명도 남들의 생명 속에 흘러 들어가 그네들의 생명과 하나가 되는 것처럼 보인다.
4. 펜필드 간호사에게 지금 이야기를 꺼낼 것인가? …그녀는 총명하고, 눈치 빠르고, 스타일도 좋았다. …그는 계산했다. 아마 두 세 번이나 유혹하면 성공할 것이다. 그러자면 할 수 없다. 이번 달은 무리다--주머니가 너무 비었다. 다른 녀석한테 넘어가지 말고 기다려 주오,

펜필드 아가씨.

(Then that settled it.를 직역하면 「그래서 그것이 그것을 해결하였다」가 되는데, 이대로는 번역도 영문한역도 통용되지 않는다. that과 it이 가리키는 것은 각각 무엇인가? that은 직전에 말하여진 사실을 가리킨다. 여기서는 「그녀를 내 것으로 하려면 2, 3번 교제하지 않으면 안 된다는 (따라서 당연히 자금이 필요) 것」이다. it은 어느 문맥에서 문제가 되는 것을 가리킨다. 이 문맥에서는 「펜필드 양을 자기 것으로 해야 하는 행동을 할지 어떨지 하는 것」이다. 즉, 이미 아는 바와 같이 Then that settled it.의 구체적인 내용은 「몇 번 정도 교제할 만큼의 돈이 필요하다는 사실이 그녀에게 행동 개시를 해야 할지 어떨지 하는 문제에 매듭을 짓는다」로서, 이것을 나타내는 일반적인 번역문은 「이것으로 문제 해결되다 / 이것으로 결말나다」와 같이 된다.

5. 어떤 예술가도 경험하는 것 모두에서 영감을 받을 만큼 민감하지는 않다. 예술가는 자신이 보고 듣는 것의 일정한 양에 대해서만 그것에 대한 자신의 기록이 그의 특유한 활력에 의해 물들여질 만큼 강하게 반응을 보이게 된다. 결과적으로, 작품이 미적인 생명을 가지는 것은 그의 작품이 자신의 경험 중의 이러한 면을 다루는 한에 있어서 뿐이다. 작가는 누구나 어쩔 수 없이 창조적인 범위에 한계가 있다. 독자는 항상 이런 범위의 한계를 주목해야 한다. 또한 독자는 작가가 이 범위 안에 머물러 있다고 탓해서도 안 된다.

21. 동 사

p. 175

1. 「당신한테는 넌더리가 나요」 그녀는 부드럽게 말했다. 「확실하게 말하자면 당신은 쭉 그랬어요, 아마 앞으로도 계속 그럴 거예요.」그녀는 왜 그런 말을 하는지 스스로도 알 수 없었다. 그런 일은 있을 수 없는 일이었다. 그가 지금 이 순간 그녀를 넌더리나게 하는 것만은 확실했다.
2. 그리고 그녀의 말투에는 흔한 악센트가 있었다. 흔한 말투라는 점에서는 그 쪽이 그녀보다도 몇 배나 고수였다. 그럼에도 그녀의 목소리에 담긴 냉랭한 코맹맹이 사투리는 수치심을 느낄 만큼 그를 고통스럽게 했는데, 그는 괴롭히고, 말투를 더 거칠게 함으로써 그 수치심을 억눌렀다.
3. 공기의 질이 점점 나빠짐에 따라 사조직들이 공기를 깨끗이 하려고 애를 쓰고 있다. 계속된 노력에도 불구하고 공장과 차들은 여전히 꽤 많은 더러운 공기와 많은 화학 물질을 공기 속으로 뿜고 있다. 우리가 어디를 가든지 산소 탱크를 가져갈 때가 곧 올 것이다.
4. 이 세대는 여가가 부족하다는 것을 되풀이함으로써 사람들은 스스로 그것이 그렇다고 믿어왔다. 그것이 거짓이라는 것은 사람들이 그 말을 되풀이 할 때 마음으로부터 참된 후회를 거의 하지 않는다든가, 잃어버린 여가를 어떻게 하면 도로 찾을 수 있을까 하는 것을 누구도 감히 생각하지 않는다는 것에 의해서 증명된다고 할 수 있을 것이다. 만일 우리가 더 많은 시간을 자고 음식을 얻는데 더 오래 걸리거나 그것을 먹는데 오래 걸린다면, 또는, 어쩌면 같은 것을 말하게 될 것이지만, 더 오랜 시간 동안 일해야 한다면 우리는 과거

의 사람들보다 더 적은 여가를 갖게 될 것이다. 하지만 우리는 그렇게 하지 않고 또 그렇게 할 필요도 없다.

22. 관용구

p. 181

1. 낯선 곳에서 이주민들은 어디에서든지 그들이 동포 이주자들을 발견하는 장소로 향한다.
2. 아지즈씨는 그에게 지시를 했다. 그리고 나서 그는 두 사람에게 라곤다 차를 돌보는 것에 대해 말했다. 그는 무뚝뚝했으며 예민했다. 오마와 살레는 굽실거리며 서 있었다.

3) 언어는 인간이 변하는 것처럼 변하지만 그 변화는 몇 년이 아니라 수세기 기간에 걸쳐 있다. 특별한 때를 제외하고 그 변화는 화자에게 거의 감지될 수 없다. 네가 매일 아침 거울을 볼 때 전 날로부터 변화했음을 인식하지 못하는 것이다.

4) 그를 두려워하는 마음을 언제나 무시하려고 했던 앤드류는, 가끔 무서운 느낌이 드는 것은 단순히 크리스터퍼의 외모에 불과한 거라고 생각했다. 미래의 장인은 상당히 키가 크고, 바로 잉글랜드과는 상당히 거리가 멀었다. 그는 남프랑스 사람인지 바스크인으로도 보였다. 새카만 머리카락, 큰 검은 눈, 그리고 옆으로 긴 얇고 새빨간 입을 하고 있다.

5) 교육 문제들이, 그 안에서 또 그것을 위해서 행해지는 사회 조직과는 관계가 없는 것처럼 논의되는 적이 많다. 이것이 바로 교육 문제에 대한 해답이 흔히 불만족스러운 이유의 하나이다...교육은 타문제들을 떠난 빈터에서 논할 수 없는 문제이다. 즉 우리의 교육 문제는 다른 문제들을 일으킨다. 그리고 나아가 이런 것들보다 더 궁극적인

문제들과 관계가 있다. 교육에 있어서 우리들이 무엇을 원하는가를 알기 위해서는, 우리들이 일반적으로 무엇을 원하는가를 알고, 우리의 교육 이론을 우리의 인생관에서 뽑아내야 한다. 그 문제는 결국 종교적인 문제가 되고 만다.

23. 조동사

p. 188

1. 자기는 말할 것도 없이 모국어를 잘 할 수 있음에 틀림없으므로 모국어를 공부한다든가 그것에 주의할 필요가 없다고 생각하는 사람들은 커다란 잘못을 저지르고 있다.
2. "자, 1실링을 주마"라고 월터경은 말했다. "하지만 내게 6펜스의 빚이 있다는 것을 명심해라." "대단히 감사합니다" 라고 아일랜드 거지는 말했다. "당신이 그 6펜스를 받을 때까지 오래오래 사시기를."
3. 네가 솜씨를 보여 주었으면 좋겠다. 자, 내 말을 들어라. 이 거리에서 네 아들의 머리 위에 있는 사과를 조각나도록 활을 쏠 수 있다면, 너를 석방해 주겠다.
4. 경제 법칙을 피할 수 없는 것은 인력을 피할 수 없는 것과 같다. 산업의 진보를 역행하여 인간을 수공업의 시대로 되돌려 보내려고 시도할 바에는, 지구의 지축 회전을 역행하려고 시도하는 게 낫다.
5. 토마스 에디슨은 어려운 질문에 대한 올바른 답을 찾는 것을 좋아하는 데서 거의 소년다웠다. 그는 단지 포기하려고 하지 않았다. 실패는 때때로 그를 더욱 더 열심히 일하게 했다. 사람들은 항상 에디슨을 천재라고 말했다. 에디슨은 "천재는 1퍼센트의 영감과 99퍼센트의 땀이다"라고 말하기를 좋아했다.

24. 형용사

p. 193

1. 나를 놀리는군요. 그런 건 비열해요, 당신답지 않아요 피에트. (that's not worthy of you는 「나는 당신에게 가치가 없다」가 아니라 「그 행위는 당신에게 어울리지 않는다」의 뜻이다.
2. 공동생활을 하는 사람에게 20년 간 자기와 더불어 꾸준히 우정을 지속해 나가는 한 친구를 사귀는 것이, 매년 20명의 추종자들을 발견하여 그 모두를 잃거나 혹은 20명의 10분의 1, 즉 2명이라도 잃어버리는 것보다 훨씬 중요하다.
3. 사람은 모두 뭔가 일을 하기 전에 어떤 일을 할 것인가를, 우선 자기만의 힘으로 자신의 책임 하에서 결정하지 않으면 안 된다. 그러나 이 결정을 내리는 일은 사람이 자기 주변의 모든 사물의 성질과, 다른 사람의 성질과, 자기 자신의 성질에 관해 약간의 확신을 가질 수 없으면 할 수 없다.
4. 미국의 법원은 법정소송 사건들을 해결하는데 목격자의 증언에 의존한다. 때때로 그것은 어떤 범죄에 대한 유일한 증거가 되기도 하고도 종종 맞다. 사람들은 잘못 증언을 하기도 하고 몇몇 경우에 있어서는 목격자의 증언이 죄가 없는 사람에게 유죄를 입증하기도 한다. 더 중요한 것은 목격자의 증언이 상당히 많은 범죄자들에게 올바르게 유죄를 선고해왔다는 것이다. 결과적으로 그것은 계속해서 미국 법정 체계의 중요한 부분이 될 것이다.

25. 부 사

p. 197

1. 나폴레옹은 사람의 실질적인 능력에 관해서, 상대방이 자신의 능력을 과시하든 하지 않든 간에 좀처럼 속지 않았다.
   (if ever는 rarely deceived를 강조함)
2. 헬가와 나는 나치에게 심취하는 것은 아니었다. 우리가 그들을 미워하고 있었다고는 말할 수 없을 것이다. …그들은 사람들이었다. 단지 회상 속에서만 그들을 생각하기도 싫은 존재로 생각할 수 있다.
3. 사실상, 공업화가 시작된 이후의 모든 주요한 기술면의 변화는 예측하기 힘든 결과를 만들어내고 있다. 자연에 대한 우리의 지배력 그 자체가 당장에라도 제어할 수 없는 힘의 원천이 될 것 같다.
   (practically는 all, every, no 등과 결부된 경우는 「실제로」가 아니라 「사실상」과 같이 번역되어야만 한다.
4. 「해야 할 사무실 일도 많으니까요」
   「그럼, 그래야지. 해야 할 일은 해야지」
   필은 긴급을 요하는 많은 소송문제(예를 들면, 징병 영장 사건)에 내가 깊이 관계하고 있는 것에 대해 그다지 호의적이지 않았다. 그래서 그 의의를 넌지시 비추지 않을 수 없었다.
   「난 워싱턴에서 자주 와요. 다음 달 법정에서 연방헌법 수정 제 1조 소송에 대해 변호하기로 되어 있어요.」 (down은 일 관계로 「워싱턴에도 자주 오는 겁니다」라며 신변의 다망함을 설명하는 것이다. 끝부분에 있는 before the Court의 before는 「때」를 나타내어, 「재판이 시작되기 전에」가 아니라, 「재판소에서, 법정에서」의 의미로, 주인공이 「다음 달 법정에서 연방 헌법 수정 제 1조에 관한 사건을 변호하기로 되어 있다」는 것을 말한다.

26. 접속사

p. 204

1. 가설은 그것이 가설이라는 이유만으로 믿을 수 없다고 하는 세상의 일반적인 생각에 휘말려서는 안 된다. …가설에도 여러 가지 있다.
2. 러스킨이나 틴들과 같은 작가가 본 것 같은 자연 경치를 볼 수 있는 사람은 극히 드물다. 산의 경치를 아름답게 묘사한 것은 그들이 영어에 정통하고 있다기보다는, 그것이 비록 대단한 것이지만, 오히려 눈앞에 있는 사물을 보는 그들의 관찰력에 의한 것이다.
3. 누구에게나 가장 중요한 사실은 어떤 신을 섬기는 가이다. 즉 무엇을 위해 진정으로 사느냐이다. 자신들은 종교가 없노라고 항의할지 모르나 실제로 그것이 자기 자신이든, 돈이든, 개들의 경주이든, 누구나 무엇인가를 숭배한다.
4. 우리가 알고 있는 인간 사회, 또는 수 천 년 동안 우리 선조들이 보아 왔던 인간 사회는 언어가 없다면 존재가 불가능할 것이다. 언어는 인간들이 대규모로 복잡한 양식으로 협조를 가능하게 한다. 언어는 나아가 이런 양식들이 수정되도록 한다. 그리고 이 양식들과 수정된 것들은 미래 세대들이 그 위에 세울 수 있는 기초로서 그들에게 전달될 수 있을 것이다.
5. 과학자는 시인처럼 타고나는 것이지 만들어지는 것이 아니다. 과학도 앞에 놓인 여러 방향의 질문 중 첫 번째 것 가운데 하나는 자성이다. 즉 나는 정말 선천적으로 과학자로 태어났을까? 나는 과학으로 하여금 오늘날처럼 있게 한 대소의 인물들 뜻을 이을 수 있는 천분이 부여되어 있을까? 그러므로 과학도의 마음속에는 정복한다는 의지뿐만 아니라 결국은 정복할 수 있다는 신념 — 이 신념은 정신적이고 또한 지적인 일종의 충동에 지나지 않지만 — 도 있지 않으면 안 된다.

27. 기 타

p. 213

1. 한 가지 일이 성공하면 다음은 제대로 잘 되어 간다. 그리고 완전한 좌절이라는 것도 없다. 나는 일에서는 성공했기 때문에 그 밖의 성공까지 원하는 건 욕심이다. 일 외에서 내가 하고자 한 것은 항상 좌절되고 말았다.
(Nothing succeeds like success.는 속담으로, 직역하면 「성공처럼 성공하는 사람은 없다」가 되어, 약간 이해가 안 되는 문장이 되지만, 「한 가지가 잘 되면 만사가 잘 된다」는 의미로 사용된다. 밑줄 친 부분에 이어지는 nothing ... failure는 이 속담을 흉내낸 것이기 때문에, 첫 번째 문장은 「성공은 성공을 낳는다고들 하지만, 실패는 실패를 낳는다는 사실도 분명하다」와 같은 말을 하는 것이다.)
2. A: 「나한테 애원한 주제에...」
B: 「취해서 그랬어」
A: 「당신 맹세했잖아」
B: 「그런가. 그럼 다시 한 번 배반하지」
3. 나이 지긋한 여자는 신경질 난 듯이 거실 의자 중 하나에 걸터앉았다. 이 거실은 음침한 집의 음침한 유적에서 가구를 들여온 듯한 풍경이었다. 그리고 가끔 대화를 하려는 뜸한 시도가 이루어졌다.
4. 대학은 지적 생활을 찬미 받도록 돋보여야 한다. 대학이 제공할 수 있는 가장 귀중한 선물은 책이나 실험실 안에서 생활하며 연구하는 것으로, 어떤 문제가 그들에게 무엇보다도 중요하다고 여겨지기 때문에 그것을 전문으로 연구하기 위해, 교내 및 교외에서 물질적인 성공의 세계를 무시해 온 뛰어난 학자와 접할 기회를 젊은 학생에게 부여해 주는 일이다. (have와 to offer는 분리된 것으로 have to로

해석하면 안 된다.)

5. 그는 듣는 사람이 지루해 하고 있다고 생각했다. 두 사람은 먹기 시작했기 때문이다. 그래서 펀치를 세게 날리듯이 말했다.「우리들 아이가 태어나면, 아이들 앞에서 아내에게 키스할 마음은 정말 없겠지」

   이런 말을 하는 것은 너무 거칠고, 너무 대담한 일이었다. 그는 몹시 흥분했다. 그의 아내는 아무 말도 하지 않고 고개도 들지 않았지만, 그 얼굴에는 조심스럽긴 하지만 비난을 담은 긴장감이 떠돌았다.

   「아니, 실제 그것까지 할 마음은 없어」하고 그는 말했다.

   「모두 거짓말, 거짓말이야. 내 가족은 아주 강하게 단결되어 있으니까」

   아내는 친구에게 살짝 말했다.「남편 말을 믿으면 안 돼요. 그는 진실을 말하고 있는 겁니다.」(아내는 남편이「지금 한 말은 거짓말」이라고 말한 데 대해, 친구에게「남편 말을 믿으면 안 됩니다. (남편이 거짓말이라고 한 것은 거짓말이라서) 진실을 말하고 있는 겁니다」라고 알려준 것이다.)

   명령문은 you를 제시하지 않는 것이 보통인데, 특히 상대방을 지시하거나, 강제로 '초조함'을 보이거나 할 때 you를 나타내는 경우도 있다.

   You mind your own business and leave it to me.

   (넌 쓸데없는 말참견하지 말고 나한테 맡겨 둬)

   Don't you open the door. (문을 여는 게 아니지)

   주어가 You 이외인 경우도 있다.

   Somebody open the door. (누군가 문을 여시오)

박용남

강원대학교 영문과 및 동대학원 졸업
강원대학교 영문과 문학박사
상지대학교 영문과 외래교수
강원대학교 영문과 강사

저서

『갈증』(스크린 영어사)
『샘』(스크린 영어사)
『모든 신의 아이들은 날개가 있다』(스크린 영어사)
『홋이』(스크린 영어사)

영한 번역의 기초

1판 1쇄 발행 _ 2005년 7월 15일
1판 4쇄 발행 _ 2015년 8월 20일

저　　자 • 박 용 남
발 행 인 • 정 현 걸
발　　행 • 신 아 사
인　　쇄 • 예지인쇄
출판등록 • 1956년 1월 5일 (제9-52호)
주　　소 • 서울특별시 은평구 통일로 59길 4 2F
전　　화 • 02)382-6411 · 팩스 02)382-6401
홈페이지 • www.shinasa.co.kr
E-MAIL • shinasa@daum.net

ISBN 89-8396-488-X (93740)

정가 *12,000* **원**